교육목적론

콜린 린지 저 | 김정래 역

Understanding
Educational Aims

학지사

Understanding Educational Aims

by Colin Wringe

『교육목적론(Understanding Educational Aims)』이 한국어로 번역되어 한국어판 서문을 쓰게 된 것을 기쁘게 생각합니다. 이 서문을 쓰면서 오래전에 영국에서 역자와 이 책에 관하여 생산적인 논의를 했던 소중한 기억이 되살아납니다.

이 책을 집필했던 시점과 비교하면 세상은 엄청나게 많이 변하였습니다. 세상 사람들이 상호 밀접해짐에 따라 서로를 점점 더 이해할 수 있게 되었고, 자기가 지닌 생각을 다른 사람들과 흉금 없이 나누게 된 것은 이제 흔한 일상사가 되었습니다. 저는 이 책을 읽는 저의 새로운 친구가 된 한국 독자들이 제가 이 책에서 제시한 철학적 가정과 예증들을 보면서 흥미진진해지길 기대합니다. 이것만으로도 충분하다고 봅니다만, 여기에 덧붙여 제가 바라는 바가 있다면 그것은 서로가 지닌 사고와 개념들을 매우 긍정적이고 상호 존중하면서 서로에 대한 이해를 증진하는 것입니다.

그럼에도 불구하고 여전히 변하지 않는 것이 있습니다. 좀 더 심층적으로 살펴보면 어떤 사안들은 시대를 넘어 어느 공동체에서나 공동의 관심사로 남아 있습니다. 제가 바라는 것은 어느 언어로 읽든 간에 이 책을 읽는 독자라면 다음과 같은 문제를 새기는 것입니다. '교육자와 교육정책 입안자들은 과연 어떤 교육 목적을 성취해야 하는가?' 이 질문은 매우 중요하면서 가장 근본적인 문제입니다. 스스로를 교육자라고 보는 사람이라면 누구나 이 질문이 '나는 무엇을 하면서 살아야 하는가?', '내 인생을 가장 알차고 행복하게 만드는 요인은 무엇인가?'와 같은 근본적인 철학적 질문과 얽혀 있는 핵심 쟁점이라는 것을 인식해야 합니다.

과거로부터 현재에 이르기까지 교육 목적이 어떠해야 하는가 하는 질문에 대한 해답이 여러 분야에서 다양하게 제시된 바 있습니다. 이 문제에 대하여 기존의 교육과정에 의거하여 학생들이 장차 사회에서 겪을 사회적 · 직업적 역할을 성공적으로 수행하기만 하면 된다고 보는 교육자가 틀림없이 있을 것입니다. 그러나 교육 목적이 그런 방식으로 고착된다는 것은 비난받아야 마땅할 개탄스러운 일이라고 보는 교육자도 있을 것입니다. 또 다른 한편에서는 이러한 교육 목적을 수용하면서도 교육 목적 논의의 날카롭고 극단적인 양쪽 입장을 제쳐 놓고 우리 모든 교육자가 수용해야 할 폭넓은 교육 목적을 탐색하자고 할 것입니다.

제가 이 책에서 각기 상이한 시점과 상황에서 제기된 여러 가지 교육 목적을 일일이 검토하고 논의한 것은 그 교육 목적들 모두를 옹호하고자 한 것이 아니라, 교육 목적 각각에 담겨진 의미와 교육 목적을 통하여 지향하고자 했던 점이 무엇인지, 그리고 그러한 교육 목적 논의의 한계를 인식하고, 이에 대하여 무엇을 고려해야 할지 함께 고민하고자 한 것입니다. 이 책을 저술한 지 꽤 오랜 시간이 흘렀고, 영어가 아닌 다른 언어로 읽는다 할지라도, 교육 목적 논의가 교육의 핵심 쟁점이 되지 않는다거나 단지 견해상 차이라고 치부하는 것은 적절하지 못하다고 생각합니다. 각 장마다 결론적인 논점을 제시하기는 하였지만, 제 의도는 그것을 독자들에게 주지시키려는 것이 아니라, 의문을 제기하고 논의의 틀을 제공하여 앞으로도 철학적 논의가 지속적으로 이어지도록 하는 데 있습니다. 이 책에 소개된 교육 목적 논의들이 철학적 심각성이 결여되었거나 진정한 교육 목적을 다루지 못한 것이 아닌 한 모든 이들에게 선명하게 부각될 것으로 확신합니다.

2013년 1월
영국 킬 대학교
콜린 린지

기성 교사들이 의욕에 차 있음에도 두각을 나타내지 못하거나 무능하다고 하는 이유가 수업 장악 능력이 없다거나 전문 교과 지식이 부족한 것 때문이 아니라는 점이 종종 지적된다. 교육 상황에서 교사들의 의욕에 찬 태도와 아이들에 대한 열정이 늘 존재한다.

교사들이 자주 봉착하는 난점은 장기적으로 유효하면서 동시에 명백하게 성취 여부를 알 수 있는 교육 목적에 대한 확신이 없다는 점이다. 교육이 기계론적 도식에 빠지거나 가치관이 확고하지 않다는 사실은 교육 목적의 실종, 탈도덕화, 아노미와 같은 말이 강력하게 대두되는 것에서 확인할 수 있다. 교육 목적과 관련해 볼 때 교직은 다른 직종과 상이한 문제를 안고 있다. 의사, 사업가, 미장이, 기타 어느 직업도 자신들이 성취해야 할 것이 무엇인가에 대한 의문을 전혀 품지 않으며, 하루 일과 중 목표가 무엇인지 모른 상태에서 업무에 임하지 않는다. 그러나 교사들에게 이 문제를 가지고 압박해 보면 그들은 매우 당황하거나 수그러드는 반응을 보이는 것을 알 수 있다.

경험이 풍부한 교사는 물론 자신의 경륜에 따라 확립한 교육 목적

7

을 지니고 있다. 그러나 그들은 단지 교육 목적에 관한 논란에 휩싸이지 않고 침묵할 뿐이다. 교육 목적은 다양하며, 교육 목적이라고 하는 것은 모두 논쟁거리가 되어 버린다. 교육 목적을 공론화하는 것은 곧 자신의 나약함을 드러내 보이거나 아니면 자신의 교육 목적에 대한 확신에 찬 나머지 오만해 보이기 십상이다. 아무도 전지전능한 신처럼 행세하려고 하지 않을뿐더러 젊은 후배 교사를 위하여 설득하는 것과 같은 짐을 지려고 하지 않는다.

교사들이 교육 목적에 대하여 말을 아낄 수밖에 없는 여러 가지 이유가 있다. 요즘과 같은 현학적인 분위기에서 경험적으로 검증되지 않은 문제와 이데올로기와 관련된 사안은 회피하는 것이 상책이다. 결국 교육 목적에 관한 논의가 이루어지지 않는다. 그 결과 교육 목적의 실체와 논의의 적합성 자체를 인정하지 않고, 그날그날의 수업 목표에 함몰되거나 반대로 달성할 수 없는 원대한 이상을 꿈꾸게 되는 지경에 이른다.

이러한 상황을 목도하면서 이 책을 집필하겠다는 생각을 하게 되었다. 나의 집필 의도는 교육정책이 나아가야 할 방향을 제기하였던 이전에 출판된 교육 목적에 관한 글을 검토하게 하였다. 요즈음 교육학자들은 특정 학문에 기대는 것을 좋아하지 않는 경향이 있지만, 나는 상당히 많은 부분을 철학자들의 논의에 의존하였다. 이 책의 주된 과제는 일차적으로 어떤 가치관이 얼마나 지지받는가를 찾아내서 사실적으로 기술하는 것보다 교육 목적이 무엇인가를 명료화하는 데 맞춰져 있다.

많은 동료 학자들에게 명백하게 많은 빚을 졌기 때문에 그것을 당연히 밝혀야 마땅할 것이다. 나의 학생과 대학 동료들과 나눈 대화를 통하여 내가 얻은 것은 형언하기 어려울 만큼 귀한 것이다. 이 책 전반을 읽은 사람이라면 우리 상호 간에 또는 우리 모두가 공유했던 문제에 몰두할 것으로 감히 확신한다.

필립 스넬더스(Philip Snelders)에게 특별히 감사의 말을 하지 않고서 머리말을 끝맺기 어려울 듯하다. 나와 여러 해에 걸쳐 많은 연구 작업을 수행했던 그는 이 책을 집필하는 이번에도 매우 값진 조언과 함께 격려를 해 주었다.

콜린 린지(Colin Wringe)

제1부 서 론

교육 목적은 누구에게 필요한가

교사는 왜 교육 목적에
관심을 가져야 하는가

　만약 교직의 가장 심각한 문제가 무엇인가를 묻는다면, 정부 당국자, 지방 교육청 관리, 그리고 정치가들은 교육 관계자들이 그들의 직무를 수행하는 데 있어서 반드시 지녀야 할 능력에 결함이 있다고 응답할 것이다. 초임 교사는 물론 '학급 운영 능력'이 결여되어 승진 기회가 적은 경력 교사 그리고 장차 경력 관리에 야심을 품은 고참 교사들조차도 복잡한 조직 운영에 합당한 '경영 능력'이 부족하다고 평가된다.

　이러한 말은 근자에 자주 들을 수 있을 만큼 식상하다. 이러한 교육적 난제들을 교사 개인의 결함에 기인한 것으로 보고 해결하려 한다. 물론 이러한 결함을 시정하기 위한 부단한 노력을 통한 교사의

15

결함 해소만이 학교 운영에 관한 전반적인 방법을 개선하거나 학업 성취에 대한 획기적인 아이디어를 제공하는 것은 아니다. 교사는 자신이 평생 몸담고 가르치는 일의 본질에 관한 정치적·사회적 역할을 생각하기보다는 현장 수업 능력을 제고하는 데 시간을 더 투자해야 한다.

의심할 여지없이 이러한 노력은 교사들에게 커다란 의미를 지닌다. 교사가 자신이 맡은 특정한 학생들의 적절한 수준을 고려하여 알찬 수업 계획을 작성할 능력이 없거나, 40분짜리 수업 목표를 달성하거나 수업 설계를 할 줄 모른다면, 교사는 이 결함을 해소하기 위하여 학습하여야 할 것이다. 이를테면 흑판에 글씨를 알아볼 수 없을 정도로 엉망으로 쓴다거나 바보 같은 행동이나 연이어 하면서 성적이 처지는 아이들을 잘 다루지 못하는 교사를 이르는 말이다. 이러한 현장 능력은 전문직으로서 모든 교사가 반드시 지녀야 할 가장 기본적인 자질이다. 그러나 문제는 이와 같은 교사의 도구적 능력만 갖춘다고 해서 교사와 학교가 더욱 교육적이라고 과연 단언할 수 있는가 하는 것이다.

학생에게 제공되는 교육적 경험이 불만족스러운 상황은 단순히 교사의 따분하고 어설픈 수업 방식뿐만 아니라, 교사가 특정 수업, 특정 교과를 가르치는 일 그리고 교육 활동 전반에 관한 의미를 온당하게 파악하지 못한다는 데 기인한다.

오직 전문가인 교직 종사자만이 올바른 교육 목적을 세울 수 있으며, 남들은 그것을 따라야 한다는 것은, 그것이 일견 사실로 받아들여진다 해도, 매우 순진하기 짝이 없는 발상이다. 교사에게 필요한 능력은 그것이 교육에서 제기된 바람직한 목적과 밀접하게 관련될 때 보다 쉽게 획득될 수 있고 교육 현장에 적절히 적용된다. 교사들은 흔히 학생들을 가르치는 과정에서 요령, 재치, 수업 경험의 과정 중에 습득한 자신만의 독특한 스타일을 지닌 모종의 기능적인 역량을 갖고 싶어 한다. 그러나 이와 같은 비중으로 교사들에게 필요한 것은 역시 자신들이 가르치는 활동에 담긴 합의된 원리와 획득할 만한 가치가 무엇인가를 아는 것이다.

물론 교육 활동에 참여하는 우리 모두가 합의하여 성취하려는 유일한 최선의 목적은 없다. 오히려 교육제도 속에서 추구되는 합법적이고 적절한 목적이 여럿 있지만, 상황은 이러한 사실조차 망각하여 사태가 악화되는 양상이다. 따라서 공통적으로 옹호되거나 암묵적으로 가정되는 교육 목적이 어떠해야 하는가를 다각적으로 검토할 필요가 있다.

주지하는 바와 같이, 교직은 교육 활동 전반에 대한 이해와 모두가 공감할 수 있는 합리적인 실천 강령을 소지할 것을 요구한다. 그 합리적인 실천 강령은 한편으로 원칙에 충실한 타인에 대한 상호 협조를, 다른 한편으로는 교사의 자기 주도 능력을 함양시키는 것이어야 한다.

교사의 교실 생활:
타인 주도와 자기 주도

자기 주도에 대한 언급은 많은 독자들에게 매우 생소하게 들릴 것이다. 학교에서 가르치는 경험을 별로 겪지 못한 초임자들은 처음 몇

해에 걸쳐 자신들의 일상적인 교수 활동에 요구되는 상당히 명백한 행동 지침을 얻기를 기대할 것이다. 그들은 스스로 결정하기보다는 타인이 자신들에게 요구하는 것 속에서 자신들이 수행해야 할 것을 결정하려 할 것이다.

분명히 교사가 전달할 내용을 담고 있는 교과서가 주어지고, 또 그 내용에서부터 전달되는 방법에 이르기까지 이미 정해져 있다는 것은 틀림없는 사실이다. 수업을 하는 교사는 모두가 자신이 교수요목위원회의 일원이건 아니건 간에 다른 사람이 작성한 수업 계획서에 따라야 한다는 요구가 과거보다 더욱 강하다.

최근 몇 년 동안 국가 및 지역 장학사들은 교육과정의 구성 요소와 교사의 지침을 문제 삼아 왔다. 이것은 설정된 목적이 상명하달(上命下達)되어 일선 학교에서는 이에 따라 순응하기만 하는 위계적 관료주의에 의한 교육 서비스가 강화되어야 한다는 인상을 지울 수 없다. 물론 학생들은 수업 실제 장면에서 이러한 체제를 통하여 처음에는 몇몇 수업에 세부적인 기획을 가진 친절한 교사와 학교장의 도움을 받을 수 있다.

그러나 이렇게 하게 되면 교사는 고참 교사들이 세세한 부분까지 무엇을 할 것인지 개입한다는 불편한 현실을 발견하고 스스로 적지 않게 놀랄 것이다. 능숙한 전문 교사들은 누구에게나 적용되는 일반 지침을 잘 받아들이려 하지 않는다. 가치 있고 때로는 당연히 수긍해야 할 그들의 충고는, 특정 학생들 혹은 다른 직원들과 함께 곤란한 상황을 어떻게 대처할 것인가, 교복, 운동 및 상·벌과 관련한 규칙과 지역의 실상은 어떠한지 등과 관련된 실제적인 문제를 어떻게 해결하고,

이에 소요되는 시간과 노력이 얼마인가 하는 데 맞추어져 있다.

교육과정 지침을 입안하는 사람들은 자신들이 만든 교육 목적 전반에 주의를 기울일 것을 기대하지만 그러한 지침은 한정된 시간에 도달하고자 하는 수업 목표를 결정하는 수업 현장에 별로 도움을 주지 못한다. 교사는 수업 현장에선 현재의 입장에서, 자신의 행동과 학생들의 행동이 제삼자에게 어떻게 지각되고 사회적으로 어떻게 받아들여지는지보다 특정 학생을 보다 세심하게 다루어야 하는지를 결정하는 데 집중할 필요가 있다. 이를테면 학생 자신의 인격적 자율성을 개발하도록 하고, 그의 직업적 미래를 위해 어떤 공부가 더 유용한지 진지하게 고려하고, 또 보다 사려 깊게 스스로의 일을 되돌아보도록 하기 위하여 일방적인 수업 방식을 중단할 것이다. 교육 목적에 대한 논의가 그다지 실제적이지 못하다는 생각은 논리적 입장에서 견지하기 어렵다. 사람은 자신이 성취하기를 바라는 것에 대하여 아무 생각 없이 실제적으로 무엇을 해야 하는지 혹은 그것을 어떻게 수행해야 하는가에 대한 분별 있는 판단을 내릴 수 없다. 아무리 단순한 경우라 하더라도 실천적 활동은 목적에 대한 어떤 생각 없이 파악할 수 없다.

이는 항상 교사들이 상당한 시간에 걸쳐 그들의 목적에 대한 논의에 몰두해야 한다는 것을 의미하지 않는다. 물론 교육 목적은 분명하게 제시되어야 한다. 그리고 교사 양성과정에서 또는 현직 재교육 기간 동안 교육 목적을 심층적으로 접근해야 전문성을 명백하게 제시하고 상호 이해를 고양할 수 있다. 그렇게 되면 여타의 논의는 재론할 필요가 없기 때문이다.

교육 목적의 범위

경찰, 의사, 교도관 및 사업가처럼 뚜렷하고 명확하게 규정된 임무를 가진 사람들이 당면한 임무를 효율적으로 수행하는 것보다 자신이 수행하는 활동의 궁극적인 목적을 검토하는 데 보다 많은 시간을 보낸다면, 그들 자신이나 다른 사람들을 위한 실질적인 이익을 도모하는 것이 아닐지도 모른다. 이는 자신이 수행하는 일의 성격이 개방적이기 때문에 교육자들에게 좀 더 부합하는 말이다. 의사는 생명을 유지시키고 통증을 막는 것 사이에서, 사업가는 장·단기 이익 추구에서, 그리고 경찰관은 엄격한 법 집행과 공동체 유대 관계 사이에서 선택해야 하지만, 이들의 선택은 비교적 제한된 것이다.

교사가 성취해야 할 내용은 아이들이 무엇을 할 수 있는지 혹은 무엇을 배우려고 하는지에 의해 결정된다. 그러나 교사 스스로 의도할 수 있고, 여태까지 수립해 왔던 교육 목표의 범위에는 거의 제한이 없다. 심지어 교사가 도모하는 일에는 선하거나 악한 것에 관계없이 마음만 먹으면 원칙상 추구할 수 없는 것은 거의 없다. 이와 관련하여 광범위하게 지지되는 교육 목적이 무엇인지를 고려하기 전에 목적의 개념과 혼동을 잘 일으키는 두 개의 개념, 즉 목표*와 이상**을 구분하는 것이 도움이 될 것이다. 이 구분은 순전히 현학적 입장에 서

---

* objectives
** ideals

고자 한 것이라기보다는 구분하지 않을 경우 논의가 엉망이 되는 것을 막아 우리가 정말로 관심 있는 문제를 다루는 데 있어서 장애가 되는 요인을 확인할 수 있다는 이점 때문에 필요하다. 우리의 관심은 교육 목적에 있지, 교육적 이상이나 제한된 수업 목표에 있지 않다. 그들 간에 명확한 구분을 짓게 되면 초기 단계에서부터 이상과 목표와 혼동하지 않게 될 것이다. 초기 단계의 논의에서부터 그들 간에 명확한 구분을 짓는 것이 필요하다.

교육 목적과 교육적 이상

많은 사람들이 모종의 이상을 가지고 있다. 은퇴 후의 이상적인 삶, 이상적인 결혼 상대자, 모두가 평등하고 자유로우며 안전하게 사는 이상 사회 등이 그 예다. 이것은 분명히 그 자체로 전혀 나쁜 일이 아니다. 만약 이상이 자기만족과 도취가 아니라면, 이상은 지닐 만한 것이다. 그러나 문제는 '이상', 특히 '이상주의자'라는 말이 여러 이유로 인해 나쁜 의미로 사용된다는 점이다.

어떤 이들에게 '이상주의자'라는 말은 자기가 갈망하는 이상적인 세계가 이미 우리와 함께 있거나 임박해 있다고 여기는 사람이거나 아니면 자신의 이상적 성향 때문에 자신에게 의존하는 다른 이들을 보호하는 데 실패한 비현실적인 몽상가와 동의어다. 이를테면 교사에게 이상이란 시험이 없는 교육체제 같은 것이어서 자신의 학생들로 하여금 그들이 결국 하고 싶어 하는 일이나 이에 요구되는 상급

코스에 필요한 자격을 얻도록 돕는 데 실패하게 되면, 그 교사는 몽상가 유형의 '이상주의자'가 될 것이다.

때때로 '이상주의자'라는 말은 자신에게 상당한 고통이 부과된다고 해도 기꺼이 예술적 성취, 진실의 규명 혹은 사회 정의 등의 이상을 추구하는 개혁가, 정치가 또는 유사한 그 밖의 헌신적인 개인을 지칭하는 데 사용된다.

자신의 이상에 충실하기는 평범한 사람들도 마찬가지다. 많은 사람들은 어떤 의미에서건 자신들이 실제로 성취할 수 없는 이상을 소유하고 살아간다는 점에서 이상주의자들이다. 그러나 이것은 조금도 위해가 없을 뿐 아니라 대체로 보통 사람의 결점을 풍자하는 것에 해당한다. 정작 더 큰 문제는 단지 이상을 가지는 데 그치지 않고 그것을 대놓고 주장하고 자신들이 지닌 고결한 이상에 헌신하는 삶만이 마치 도덕적 덕행인 양 떠벌리는 무리에서 찾을 수 있다. 평등주의 이상에 빠져 평준화된 학교만을 주장하며 자신들의 동료를 경멸하다가 교직에서 물러난 이상적인 전직 교사가 이에 대한 좋은 예가 될 것이다.

목적과 이상은 종종 교육학자들조차 혼동하였고, 이는 결과적으로 많은 오해를 불러일으켰다. 이 구분은 교육 목적의 논의가 별 감흥을 주지 않는 당혹스러운 문제라는 데서도 이유를 찾을 수 있으며, 여전히 검토되지 못한 채 남아 있는 중요한 문제다.

이상이 지닌 중요한 특징은 그것이 도달할 수 없다는 데 있는 것이 아니다. 실제로 우리가 중요하게 생각하는 목적은 그 성취가 쉽지 않은 것은 사실이다. 불완전한 세계에서 완전함을 구현한다는 것은 어려운 일이어서, 이상을 추구하는 사람들은 흔히 바보, 미치광이 혹은 위선자라는 비난을 받게 된다.

이것은 적어도 내가 교육 목적 논의를 통해서 밝히고자 하는 바가 아니다. 설정된 목적은 좋을 수도 있고 나쁠 수도 있다. 어떤 사람이 자기 회사의 이익 증진을 위해 해당 의약품을 매석하는 일은 성인 문해의 증진과 똑같은 맥락에서 간주되는 하나의 목적일지도 모른다. 어떤 목적은 평범하지만, 또 어떤 목적은 야심적일 것이다. 어떤 교사는 지나치게 말이 없는 중등학생의 의사소통 능력을 증진시켜야 한다고 목표를 설정할 것이다. '이상'이 아닌 '목적'이라는 점에서 특정 조직의 목적은 동등한 교육 기회의 근거를 증진시킬 것이다. 목적에 의해 안내된다는 것은 타인의 목적, 이익 혹은 기대에 무관하거나 실현 가능성에 비추어 현실성이 없다는 것을 의미하지는 않는다. 목적은 장차 실현할 수 없거나 실현되지 않을 먼 나라의 꿈같은 비전이 아니다. 전형적으로 교육 목적은 특정 행위 혹은 활동에 대한 원리를 제공하는 실제 행동 지침을 가리킨다. 행위 혹은 활동은 목하 교육 목적을 성취하는 데 있어 긍정적·의도적 실행 단계로 이해되며, 특정 집단 혹은 개인의 목적을 명료화하는 것은 실제적 효과가 없는 것이 아니라 오히려 효율성을 증진시키는 단초를 제공한다.

교육 목적은 맹목적으로 추구될 수도 있지만, 신중하게 타인의 이익과 기대를 합당하게 고려하여 추구되어야 한다. 목적에 합의한다는 것은, 이상을 맹목적으로 추구하는 것처럼 윤리적 결점을 지닌 것도 아니며, 또한 이상이 내포하는 것처럼 우리가 어떤 방식으로든 수용할 수 없는 일탈의 위험을 무릅쓰고 추구해야 하는 것도 아니다.

물론 사람이 추구하는 이상과 마찬가지로 자신이 추구하는 목적이 위선적일 수도 있다. 유력한 정치인의 남아프리카 방문 목적이 겉으로는 인종 차별 정책에 반대하기 위한 것으로 보일지 모르지만, 실상은 다음 선거에서 자신에게 유리한 득표 활동 전략을 위한 것일지도 모른다. 그러나 자신의 목적을 솔직하게 개진하고 타인에게 그것에 동참하도록 설득하는 것은, 자신의 이상을 과시하고, 그것을 공유하지 않는 사람들의 도덕적 열등감을 조장하는 일보다는 덜 불쾌한 일이다.

만약 분명하게 구분되어야 할 목적과 이상이 교육 문제 상황에서 혼동된 사례는 교육 현장 경험이 없는 특정 학자들(Russell, 1926; Whitehead, 1929; Dewey, 1916, ch. 8)이 '교육 목적'에 대한 이해에 앞서, '교육의 목적'*이라는 슬로건하에 교육적 이상으로 제시한 데서 찾을 수 있다. 이런 현상은 명백하게 드러나지 않는다. 결과적으로, 교사의 실제 업무나 이와 관련 없는 개념을 가지고 교사들을 상상력이 부족하고 통찰력이 없다고 비판하는 것은 현장 교사들의 권위를 맹목적으로 비난하는 것으로 볼 수 있다.

이러한 현상은 대부분의 교사교육 기관이 애초 본래 종교 재단에 의해 설립·운영된 것과 관련되며, 교사교육 기관이 지향하는 특정 교육이념이 무엇인가를 검토해야 한다는 주장에 이른다. 이러한 교육이념에 비추어 보면, 교직은 전문직이라기보다는 저소득층 학생들에 대한 무한한 헌신, 인내 및 사랑을 요구하는, 이를테면 성자가 자

---

* 교육 목적(educational aims), 교육의 목적(the aim of education)

신의 나병 환자 수용소에 대해 가지는 사랑에 비견되는, 소명을 요구하는 '천직(天職)'에 가깝다.

'교육 목적'에 대한 강의는 종종 기대에 찬 교사들이 교실의 현실 상황에 실망하는 것을 예방하기 위한 약간의 기대 효과를 가져다주는 열변 정도로 치부하는 경향이 있다. 많은 교육기관에서 교육 목적론은 교사교육과 교육사상에 관한 철학적 논의에 불과하다는 인식이 지배적이다. 정확하게 말하자면 교육 목적 논의는 기껏해야 현장 교사들에게 교육 현실과 동떨어져 있는 징표로만 여겨지고, 나쁘게는 교실의 실제 문제를 개별 교사의 개인적 단점에서 비롯된 것으로 치부하거나 교사들에게 부당한 헌신을 강요하는 방책으로 여겨져서 결과적으로 교사들에게 도덕적 괴롭힘*의 형태로 인식된다.

교육 목적과 수업 목표

두 번째로 반드시 구분해야 하는 것은 '목적'과 '목표'다. 두 가지는 일상적으로 동의어로 사용되지만, 군 전략 및 경영학의 전문 용어로 사용되는 '목표'라는 용어는 주로 사람이 성취해야 할 것에 대하여 특히 과학적 정확성이라는 인상을 심어 준다는 점에서 '목적'과 차이가 있다. 교육 논의에서 '목표'는 보통 하나의 수업 활동, 특정 교과 또는 교과 전반에 걸쳐, 혹은 보다 장기적인 학습 과업의 끝에

---

* moral bullying

성취된 바를 측정하려고 하는 일련의 학습 결과를 지칭한다.

　일반적으로 교육 계획을 수립함에 있어서 개별 교과와 전체 교육 과정을 구안하는 수준에서 '목표 상세화'(예컨대, Davies, 1976)가 필수 고려 사항이라고 인식된다. 즉, 우리는 매 수업마다 그리고 매 학기 말에 학생들이 무엇을 알고, 이해했으며, 그것을 정확하게 표현할 수 있는가를 명확하게 파악할 수 있어야 한다. 몇몇 학자들(Popham, 1970; Mager, 1962)은 더 나아가 학생들이 알거나 이해하고 있다는 사실만 가지고 교육 목표를 진술한다는 것은 충분하지 못하다고 주장한다. 그들의 주장인즉, '알다' 또는 '이해하다'라는 말이 다소 모호하여 절대적으로 확실성을 보장할 수 없다는 것이다. 이들은 지식, 이해, 감수성 등과 같은 모호하고 '비과학적'인 개념이 아니라, 관찰할 수 있는 '행동과학적' 측면에서 교육 목표를 진술해야 한다고 주장한다. 즉, 학생들이 실제로 무엇을 하고 있는가를 알아야 한다. 수업 관찰과 잘 계획된 교수요목에 따라 학생들의 행동이 실제로 어떻게 변화되고 있는가의 문제다.

　문제의 관건은 교육 목표가 관찰 가능한 행동주의적 방식에 따라 얼마나 조작적이어야 하는가에 달려 있는 것이 아니다. 이보다는 교사가 설정한 수업 목표가 진술하고 있는 지식, 이해, 감정적 반응, 공감 등을 학생들이 자신의 내면에 얼마나 소화하였는지를 명확히 설명할 수 있어야 한다.

　여러 가지 면에서 교사와 교육에 관련된 사람에게 교육 목표가 보다 구체적으로 진술될 필요가 있다는 최근의 주장은 매우 유효하다. 이러한 접근이 수용되고 적용될 때, 수업 준비와 교육 계획의 차원에서 과거에는 상상할 수도 없었던 합리성 및 전문성이 제고된다. 일단 목표가 확인되면, 수업 설계는 시간, 노력 및 그 밖의 자원의 관점에서 최선의 것을 성취하는 가장 경제적인 수단을 선별하는 역할을 수행한다. 이러한 접근은 교사들이 단지 일정 시간 동안 교실 수업이 즐겁고 지루하지 않게 진행되도록 한다는 것뿐만 아니라, 원칙상 그리고 실제로 학습 지도의 관점에서 자신들이 꼼꼼하게 검토해야 할 것이 무엇인지를 확인할 수 있다는 점에서 가치를 지닌다.

이것은 최소한 교사를 다소 저급한 코미디언이나 아이를 보는 사람 정도로 간주하는 관점에서 벗어나 잠재적으로 유용한 일을 해야 할 사람으로 보는 장점을 지닌다. 교사의 수업 행동은 자신의 외양, 태도, '수업 방식', '권위' 등과 같은 무형의 관점에서 판단되어서는 안 된다. 교사 자신에게 맡겨진 학급 특성에 맞게 준비한 자신의 공과에 따라 교사의 성취가 판단되어야 한다. 그 판단은 말할 필요도 없이 시험 통과 여부에 한정되는 것이 아니라 해당 학생의 학습을 성공적으로 이끄는 모든 것을 포함한다. 학급별로 비교해 볼 때, 어떤 교사가 다른 교사보다 학생들에게 훨씬 더 많은 것을 배우도록 하는 데 성공한다는 것은 이상할 것이 없다. 교사의 책무가 이러한 관점에서 이해된다고 해도, 교육 효과는 그의 수업 목표가 '3장을 끝내는 것' 또는 시를 무조건 외우게 하는 것이라는 관점이 아니라, 해당 분량의 독서 또는 문제의 시가 종국에 가서 어떤 학습 경험을 유도하는가를 구체적 학습의 관점에 비추어 판단해야 한다는 것은 놀라운 일이 아니다. 덧붙여서 이러한 목표를 성취했는가를 평가하는 형식적 혹은 비형식적 검사라면, 이는 우리가 기꺼이 관심을 기울여야 할 사안이다.

　수업 목표를 수업설계의 일부로 인식하는 데서 얻어지는 이점은 그것이 우리가 학생들이 배우도록 기대하는 것이 무엇인가에 대해 생각하게 한다는 점이다. 수업 목표 설정은 한정된 수업 시간에 특정한 학생들에게 합리적인 능력으로 기대한 것이 과연 성취 가능한 것인가보다 다른 목표들이 더 긴급한 것은 아닌지, 혹은 현재 설정한 수업 목표가 시도되기 전에 다른 목표가 성취될 필요가 없는지와 같은 질문을 스스로 물어보게 한다.

　수업 목표 설정이 단순히 관찰 가능한 행위보다는 지식과 이해의 발달로 보다 수준 높게 해석해야 하는 경우를 제외하더라도, 고도로 세련된 수업 목표 설정과 이에 따른 학업성취가 기획된 교육과정에 대하여 모든 교육학자들이 동의하는 것은 아니다(Davies, 1976: 65-69).

　경영 성과 위주의 전문성, 합리적 기획 및 책무성이라는 측면에서 보면 명확한 수업 목표를 설정하고 확인하는 일은 특정 상황에서 효율성을 창출할 것이며, 확실히 다수 학생들의 학습의 질을 향상시킬 것이다. 그러나 이러한 수업 목표 설정이 교육 활동 전반을 유도하고 평가할 유일한 사안은 아니다. 특히 수업 목표 설정 방식은 인간의 학습과 발달의 특성 및 복잡성, 그리고 이따금 임의적으로 발생하는 헤아릴 수 없는 양상을 드러내는 사물의 본질을 터득하고 설명하는 데 불충분하다. 많은 이들이 보기에도 수업 목표 설정 방식은 너무나 의식적이고 교사의 수업 행동만을 구체화하는 개념이다.

　성공적으로 교육받은 사람의 가장 중요한 자질과 특성이 있다고 할 때, 그 자질과 특성이 요소로 분할되고, 명제에 의해 명시적으로 확인되며, 학습의 개별 항목의 단순한 축적의 총합이라고 보기는 어렵다. 우리는 특정 유형의 물리적·사회적 환경 속에서 일정 기간 교육받는 동안 분명하고 고무적인 어떤 활동이 수행될 때 당연히 특정한 가치가 형성된다고 생각할 수는 있다.

이러한 학교 환경은 결코 자유방임 혹은 우연의 결과가 아니며, 오히려 노력 및 자원의 배분에 있어 상당한 배려, 판단 및 기획을 요한다는 것을 알고 있다. 그런 학교에서 형식적인 교실 수업과 더불어 콘서트, 연극 공연, 다양한 스포츠와 경쟁적 행사, 탐험, 외국어 교류, 사회봉사, 현장 경험 등과 같은 활동에 참여할 기회가 주어진다. 이러한 활동이 학교 교육의 성취에 기여한다는 것을 의심할 사람은 거의 없다. 그러나 이러한 활동 참여의 어떤 측면이 아이들 개개인에게 이해, 성격 및 능력에 영향을 미쳤는지를 구체적으로 설명하기는 매우 어렵다.

또한 우리가 설정한 교실의 공식적 수업 활동과 '교실 밖'에서 일어나는 일을 지나치게 구분하는 우를 범하지 말아야 한다. 다양한 학습 활동의 가치는 과학, 역사, 문학, 수학 교과에 참여한 결과로 평가되는 것이지만, 교과 없이도 학생들의 가치 있는 선행 학습은 가능한 것이다.

특정 시간 동안에 이루어지는 능력 있는 교사의 수업 행동은 그가 현재 지도하고 있는 수업을 위해 구체화된 목표에 의해 단지 부분적으로만 설명될 것이다. 그가 특정 학생의 잘못을 교정하거나 특정 지식을 전달하는 데 어려움을 겪는다는 것은 이 수업을 규율하는 수업 목표가 있기 때문이다. 그러나 교사는 현재 수업 목표에 진술되어 있지 않기 때문에 중요한 정보를 전혀 사용하지 못해 좋은 학습 기회를 놓치는 우를 범하면서도 자신이 과오를 범한 것이 아닌 것으로 간주한다. 또한 교사가 학생에게 전달하는 내용을 교정해 주는 수업 방식, 학급 내의 분위기, 제시하고자 하는 교육 내용은 교육적으로 매우 중요하지만, 이것이 수업 목표와 교수 목표 진술에 반영되지 못할 수도 있다.

더욱이 수업 목표 자체가 교사의 수업 행동에 대한 궁극적인 지침이 될 수 없다. 왜냐하면, 그것은 수업 목표 자체가 특정 수업 목표의 선정 이유가 되지 못하기 때문이다. 교사의 수업 목표 선택은 분명히 다른 차원에서 고려되어야 한다.

이제까지 논의의 초점은 수업 행동을 명확히 하는 데 매이거나 명시적으로 성취하려는 바에 집착하는 것을 삼가야 한다는 점이다. 교사는 특정 수업 또는 특정 단원을 통해 자신이 시도하는 교수–학습의 최소 목표가 무엇인지를 세세하게 고려할 필요가 있다. 다만 교사의 과업과 학교가 해야 할 일을 제한하거나 무기력하게 하지 않으려면, 명백하게 한정된 목표의 관점에서 제한된 시각으로 수업을 고려하는 것만으로는 불충분하다는 점을 지적하려는 것이다. 교사 자신이나 교육과정 설계자가 설정한 교수 목표에 한정된 성취만을 고집한다면 교육은 타성에 젖어 버릴 것이다.

교육의 과학화 운동에서 비롯된 수업 목표 설정만을 강조하는 일부 교육학자들의 영향이 교육 목적의 논의를 모호하고 무가치한 것으로 만들어 버려 교육에 관한 통찰력을 잃게 한 점에 비추어, 교육 목적의 논의는 반추해 볼 필요가 있다.

그렇다면 교육 목적은 어떤 것인가

교육 목적은 교육 목표를 크게 묶어 놓은 것이 아니라는 점에 주목해야 한다. 만약 불어 수업의 목표가 불어로 다양한 장소에 이르는 길을 묻는 방법을 가르치는 것이라면, 전체로서 불어 수업의 목적은 GCSE*에서 좋은 점수를 얻는 데 필요한 언어 기능의 전체 목록을 작성하는 것이라고 그럴듯하게 주장할지도 모른다. 이와 비슷하게 목표, 목적 및 이상은 본질상 또는 논리적 특성상 다른 것이 아니라 단지 중요성과 성취의 범위에 있어서 다르다고 생각한다면, 불어 교사의 이상은 그의 학생들에게 원어민처럼 정확성을 갖고 그 언어를 말할 수 있도록 하기 위하여 필요한 모든 문법과 어휘를 가르치는 것이라는 주장처럼 그릇된 것이다.

물론 일상 언어는 가끔 한정된 경우이기는 하지만, 특정 시점까지 성취될 예정인 상당히 장기적인 목표를 가리키는 방식으로 '목적'이라는 말을 사용한다. 우리는 우리의 목적이 교회 지붕의 수리를 위해 2천 파운드를 모으는 것이라고 말할 수도 있다. 사회 집단과 정치적 조직은 자신들이 의도한 바가 성취되면 자신들의 존재 가치가 없어지는 상황 속에서 자신들이 의도한 바를 '목적'으로 간주한다.

그러나 만약 모든 목적들이 이렇게 인식되는 것이라면, '목적'과 '목표'를 세심하게 구분하는 것은 아무런 의미가 없을 것이다. 논의

---

* 제8장의 156쪽 주 참조.

를 위해 결론부터 말하자면 교육 목적의 본질적·논리적 특징은 교육 목표와 대조적으로 개방적이고 유동적이라는 점이다. NSPCC* 또는 국제사면위원회의 목적은 자신들이 설정한 주체의 이익을 도모하거나 아동들이 심한 학대로부터 보호받도록 하는 것이다. 아동들 및 정치범들의 상황은 점차 향상될 것이라고 기대되지만, 아동학대 및 정치 박해가 자신들의 뜻대로 완전히 사라져서 두 기구의 목적이 성취되어 자신들의 애초의 관심사를 다른 문제로 돌릴 만큼 기구가 폐지되어도 좋다고 판단할 수는 없다. 이 단체가 하는 일의 성격상 그들의 목적에 늘 관심을 가질 필요가 있다.

이들 단체가 추구하는 목적이 어째서 완전히 성취되어 해소되지 않는가를 따져 보면, 그들의 목적이 멀리 떨어져 있거나 현실적인 성취가 불가능하기 때문이 아니라 그들이 추구하는 목적이 개방적이기 때문이다. 이들이 지닌 목적의 성취는 단번에 일굴 수 있는 그런 종류가 아니다. 예술 혹은 과학 연구를 장려하고 도모하려는 목적을 가진 사회단체도 같은 처지에 있다. '과학적 연구에 대한 장려를 성공적으로 완수하여, 우리가 해야 할 일이 아무것도 없으며, 그 집단은 이제 해산될 수 있다'고 하는 것은 이해하기 어렵다. 그렇다고 과학적 연구의 장려가 성취 불가능한 이상이기 때문만도 아니다. 그것은 전적으로 실제적이고 실행 가능한 일이기는 하지만, 목적의 추구에 완벽이 없기 때문이고, 또 완벽할 필요도 없기 때문이다.

---

* National Society for the Prevention from Cruelty to Children(영국아동학대방지협회)

전 세계에 걸쳐 수많은 개인과 집단 그리고 기관들이 설정한 목적이 현실 세계에서 복잡하게 끊임없이 일어나는 골치 아픈 일이라고 해서 우리가 손대서는 안 되는 일이라고 단정하는 것은 난센스라는 점을 인식할 필요가 있다.

교육 목적 및 교과 활동의 '관점'

많은 교사들에게 교육 목적은 그들이 참여하여 가르치는 교과 또는 활동의 관점과 밀접하게 관련된다. 예를 들어, 많은 교사들이 학생들에게 수 개념을 개발·확장시키고, 표현의 유창성, 자신감 및 어휘 능력을 확대하고, 문학 작품의 감상력을 증진하고, 도구 및 자료를 다루는 기술과 정확성을 향상시키는 다양한 활동에 관여한다. 이처럼 교사의 목적은 의심의 여지없이 교육 목적에 포함된 다양한 가치 기준에 관심을 가지고 나름대로 방식에 따라 헌신하는 것이다.

교사가 이끄는 수업에서 일어나고 있는 일을 이해하는 데 특정 교과를 담당할 교사의 고용 조건을 확보한다거나 승진과 같은 외재적 측면은 불필요하다. 이 같은 외재적 사안을 고려하는 것은 교사에게 중요한 사안이기도 하지만, 왜 이러한 교과들이 교육과정상 중요한지와 이에 따른 교사의 노력 정도를 설명해 주기도 한다. 다소 진부한 비유를 하자면, 팀 동료가 공을 가졌을 때 왜 농구 선수가 중요하지 않은 위치로 움직이는가에 대한 설명은 이 경기의 목적이 공을 반대편에 골을 성공적으로 넣는 이유에서 찾을 수 있는 것과 같다. 비록 전적으로 부적절하지는 않더라도 그 선수가 관중석의 여자 친구에게 감동을 주기를 바란다든가, 아니면 그 자신의 건강 유지를 위해서 이동했다는 것은 설득력이 덜하다.

교육 목적은 교사를 적합한 목적에 따라 안내하는 것 이외에 개별 수업의 특정 목표를 설정하는 데 도움이 된다. 교사가 끊임없이 성취하고자 하는 바가 미리 구체화한 목표의 총합으로 설명되지 않는다는 것은 앞서 언급한 바와 같이 명백하다. 더구나 어떻게 특정 수업 목표를 달성하는가는 보다 근본적으로 교육 목적이 어떠한가에 달려 있다.

수업 목표는 기하학적 원리의 철저한 학습, 『맥베스』 제1막의 주요 내용 장면을 알게 하는 것, 목재 잇는 방법을 완전히 익히는 것과 같이 명확한 행동을 포함해야 한다. 아마도 이러한 목표들은 기계적 학습 및 작은 실수를 한 사람에게 창피를 느끼도록 벌을 주는 식의 빈번한 테스트를 통해 가장 빠르게, 효율적으로 성취될 수 있다. 그러나 이런 접근은 그 교과에 대한 이해 혹은 열정을 증진시키고, 오히려 일반적 교육 목적을 배제할 가능성이 있다. 이 사실을 깨닫고 이에 따라 자신의 교수 전략을 수정하는 교사는 수업 기법과 교수 목표뿐만 아니라 교육 목적이 가르치는 일에 있어 올바른 실제적 결과를 가져온다고 인식할 것이다.

수업 목표와 교수요목, 특정 교과에 내재된 교육 목적에 덧붙여, 교사는 자신이 가르치는 일이 또한 개별 학생들의 잠재력을 개발하고, 보다 나은 세상을 만드는 데 기여하며, 내재적으로 가치 있는 어떤 활동에 헌신하도록 하고, 합리성과 진리 추구를 장려하는 것과 같은 폭넓은 목적과 관련된다고 생각할 것이다. 이러한 교육 목적은 특정한 수업 목표도, 막연한 이상도 아니다. 교육 목적은 학교에서 일어나는 많은 일에 암시되어 있으며, 교육의 책무성에 따른 진지함과 교육 현안에 대한 열정을 설명하는 데 도움이 된다.

물론 이렇게 보면 교육 목적은 다소 대단해 보이기도 하여 교육 현장에서 바라는 것과는 다소 거리가 있을 것이다. 교육 목적에 관한 논의보다는 강력한 장학 지침이나 정책 강령 또는 방학 일수나 교원 연금에 대한 언급이 교육 현장에서 더 설득력이 있을 것이다. 그러나 '우리는 이 모든 것을 무엇을 위하여 하고 있는가?' 하는 질문은 전적으로 한가하거나 실제적으로 의미 없는 질문이 아니다.

이 질문에 대한 근본적인 성찰이 없다면, 우리는 기존의 것을 타성적으로 따르거나 유행에 따라 변덕스럽게 대응하는 것에 불과하다. 우리 자신이 가진 교육 목적에 대한 이해는 일관성과 진보를 위해 없어서는 안 되며, 또한 의도적이고 효과적인 교수와 막연하고 초점 없는 활동 사이의 모든 중요한 차이를 알게 해 준다. 아무리 정교한 수업 목표를 만들었다 하더라도, 우리가 추구하는 다양한 교육 목적에 대한 어떤 명확한 개념적 이해 없이 우리가 무엇을 하고 있는지 진정으로 안다고 단언할 수 없다.

교육 목적 논의의 얼개

2

교육 목적과 가치판단

특정 교육 목적에 대한 논의는, 이를테면 개인과 사회적 차원에서 좋은 삶이란 무엇인가, 개인이 어떤 인간관계를 맺어야 하는가, 근본적으로 추구할 만한 바람직한 목표는 무엇인가에 관한 보다 근본적인 가치판단 문제를 필연적으로 내포한다. 이러한 문제를 심각하게 검토하다 보면 가치판단 그 자체의 본질, 타당성 그리고 논리에 관한 '이차적' 질문*이라고 불리는 또 다른 문제를 불러일으킨다. 여기서 이차적 문제에 매달려 검토하는 것은 목하 관심사인 교육적 논의를 일반 철학 논쟁으로 끌고 가 버릴 것이기 때문에 가능하지도 않고 바람직하지도 않다.

---

* 'meta' questions

37

그렇기는 해도 이하에서 살펴보게 될 많은 논점 이면에 놓여 있는 가치판단에 관련된 여러 가지 가정을 분석하는 작업은 필요하다. 우선 가치판단 이면에 깔린 가정들 중 어느 것도 당연하게 확정적으로 받아들여야 할 것으로 간주할 수 없다는 점을 지적할 수 있다. 더욱이 이 가정을 스스로 검토해 보지도 않고 당연한 것으로 받아들여야 한다는 뜻은 더욱 아니다. 이 같은 분석 의도는 특정한 윤리적 입장을 지지하기 위한 것이 아니라, 단지 우리가 부정할 수 없는 논리적 가정*을 논의의 과정에서 슬그머니 끼워 넣는 오류를 피하고, 애초부터 엄밀한 검토를 함으로써 오해를 피하자는 데 있다. 이러한 가정에 포함된 중요한 문제에 관심 있는 독자들에게는 이 책 말미에 첨부한 〈장별 추천 도서〉에 소개된 여러 가지 교과서적인 윤리학 저술을 읽어 보기를 권장하는 바이다.

윤리적 정당화 문제의 핵심 쟁점인 사실과 가치의 관계를 둘러싼 논쟁(Foot, 1967)에 비추어, 어떤 사실에서 특정의 가치 입장을 도출할 수 없다는 입장을 받아들인다 하더라도 하나의 정책을 개진하는 모종의 가치체제를 받아들여야만 한다. 예컨대, 어떤 교수방법이 학업 성적을 더 향상시킨다고 볼 수 있는 충분한 경험적 증거가 있다고 해도 그 자체가 그 교수방법을 채택해야 할 결정적 논거를 제공하지 않는다. 왜냐하면 '학업 성적을 조금 올리는 것이 그렇게도 중요한가?'라는 의문이 언제라도 제기될 수 있기 때문이다.

아울러 어떤 것이 좋으며, 그것을 해야 한다는 주장을 합당한 근

---

* presuppositions

거 제시 없이 '안다'고 자부하거나 '자명하다'고 선언할 수 있는 위치에 서 있는 사람은 아무도 없다. 왜냐하면 어떤 사람이 스스로 자명한 것이라고 주장하는 것에 대해서 다른 사람은 가장 논란의 여지가 많은 것이라고 생각하는 경우가 흔히 있기 때문이다. 만약 두 사람이 서로 반대되는 두 가지 행위 방식에 대하여 각기 자신의 방식이 바람직하다는 것을 '안다'고 주장한다면, 어느 편이 옳은지를 판단하는 방법이 없으며, 이 경우 어떤 토론도 소용이 없다. 하지만 우리가 가치문제에 대해서는 의견을 달리하면서도 진정 공동의 이해에 도달하고자 한다면, 의지할 수 있는 수단은 토론밖에 없다.

적어도 도덕적 견해의 차이를 합리적 토론에 의해 해결할 수 있다는 사실은 가치문제가 순전히 취향이나 주관적 정서에 달린 문제가 아니라는 점을 보여 주는 징표이다. 만약 어떤 사람은 딸기를 좋아하고, 또 어떤 사람은 바닐라를 좋아하는 순수한 취향 문제는 허영심이나 속물근성에 호소하는 비합리적 방법이 상당한 효과를 발휘할지는 몰라도, 합리적 토론으로 상대방의 마음을 바꿀 수 있는 문제가 아니다. 그러나 이를테면 가정학을 선택한 여학생이 수학을 필수과목으로 수강해야 하는가의 문제는 사려 깊고 주의 깊은 토론을 통하여 해결할 수 있으며, 해결은 의견이 다른 양측 모두에게 유익한 결과를 가져다줄 수 있다. 이러한 사실은 사안 자체가 애초 편향된 정서에 입각한 것이지만, 의견의 조정이 가능하고, 따라서 궁극적으로 가치판단은 두부모 자르듯이 정확하게 재단할 수 있는 일은 아니라는 사실을 시사한다.

그러므로 어떤 교육 목적의 타당성은 단지 보다 많은 사실, 사람들의 선호와 기호에 관한 사실을 한데 모은다고 해서 확보되는 것이 아니다. 그렇다고 그것이 직관에 의하여 파악되거나 또는 우리 자신을 대신하여 권위를 가진 다른 사람의 판단에 입각한 것도 아니다. 이 문제가 전적으로 주관적인 것이 아니라는 점에서, 토론이 상당히 유용하다는 점을 인정하게 된다. 그러나 이러한 토론의 합리적인 토대를 제공하는 기본 가정은 어떤 것들이겠는가? 기본 가정이 무엇인가를 따지다 보면 토론을 통한 해결이 곤란해 보이기도 한다. 왜냐하면 하나의 가치판단이 이루어질 때마다, 그 판단의 근거를 묻는 질문이 따라서 제기될 수 있기 때문이다. 이 사실은 가치판단에 대한 합리적 검토가 유효하다는 점을 부정하기보다는 긍정하기는 하지만, 결과적으로 우리가 어떤 가정을 실질적으로 선택하건 간에 '그런데 왜 여기서 멈추느냐?'는 질문이 제기될 정도로 곤란이 따르게 된다.

만약 어떤 사람에게나 자신의 인생이 만족스러운 삶을 이뤄 내기에는 한정적이고 일회적이라는 사실을 지각한다면, 이러한 사실은 단지 방편에 불과한 것이다. 이처럼 단 하나뿐인 인생의 질은 한편으로는 물리적 환경에 달려 있지만, 또 다른 한편으로는 이해의 수준과 성취하고 학습을 즐기는 능력에 달려 있다. 고립된 환경보다는 다른 사람과 상호 이해하고 협력할 때 보다 나은 삶을 누릴 수 있는 것도 사실이다. 그러나 그 경위가 어찌 되었건 간에, 능력과 성향의 측면에서 사람들은 서로 다르다. 각자가 만족한 삶을 성취한다는 점에서 어떤 사람의 기회가 다른 사람보다 더 중요하거나 덜 중요하다고 여길 만한 근거가 없는 것은 이 때문이다.

이러한 근거에서 다음과 같은 추론도 가능해 보인다. 만약 개인이 삶의 선택 문제에 있어서 남보다 우위에 있지 않다면, 교육은 각 개인이 만족스러운 삶이라고 스스로 규정한 것을 개개인 모두에게 충족시켜 줄 수 있도록 해야 할 것이다. 또한 같은 이유에서 각 개인이 도덕적으로 독립된 인격체이며 평등한 가운데 상호 존중된다는 점을 인정하지 않는 사회제도와 교육을 수용하기 어려울 것이다.

사람의 일생과 자원은 둘 다 유한하여 모종의 선택이 불가피하다. 이 선택에는 평등하고 상호 존중하는 사람들의 참여가 전제되며, 따라서 개인들 간의 합의를 존중하고 정당화하는 절차를 담은 사회구조가 요구된다. 물론 사회구조 그 자체도 정당화되어야 할 대상이다. 우리 개개인은 타인에게 복속된 존재가 아니므로 각자가 자신의 삶을 어떻게 꾸려 갈 것인지 선택해야 한다. 세상에는 다른 사람들이 이미 가치 있다고 발견해 놓은 광범위한 활동과 여러 가지 생활 방식들이 존재한다. 그러나 이러한 가치 있는 것들이 어떤 재검토 없이 있는 그대로 받아들여지는 것은 아니며, 상대방의 점진적인 이해와 승인이 없는 상태에서 남에게 강요할 수 있는 것도 아니다.

교육 목적의 범주

이제까지 살펴본 논의를 토대로 여러 교육사상가들이 제안한 다양한 교육 목적을 개략적으로 범주화할 수 있다. 이를테면 교육 목적은 다음과 같이 분류될 수 있다.

(1) 개인의 이익을 도모하고 개인의 삶의 목적과 발달을 증진하는 교육 목적

(2) 바람직한 사회 상태를 유지하고 창출하는 것과 관계되는 교육 목적

(3) 진리의 추구, 합리성, 수월성 등과 같이 그 자체로 바람직하거나 내재적으로 가치 있다고 여겨지는 것과 관련된 교육 목적

근년에 둘째 범주에 속하는 이른바 사회적 목적이 특히 중요하다는 주장이 제기되곤 하였다(Hargreaves, 1982: 77-160). 이 주장의 이면에는 사실상 다른 범주의 목적은 기존의 불평등과 부정의를 옹호하는 수단을 제공한다는 정치적 의구심에 근거하여 사소한 것이라는 주장이 담겨 있다. 이것이 사실이라고 하더라도 이를 교사나 예비교사가 받아들여야 할 견해라고 보기는 어려우며, 이를 학문적 사조에 영향을 받은 집단의 이익을 반영한 것이라고 보는 편이 낫다.

물론 세 범주의 교육 목적이 실제로 상호 구분되는 것은 아니며, 학문적 구분에 불과하기 때문에 이들 교육 목적의 우선순위를 섣불리 정하기 어렵다. 적어도 개인의 지식을 증진시키지 않고서는 지식의 사회적 확산을 증진할 수가 없다. 시민들의 지식수준이 높은 사회는 구성원 대부분이 무식한 사회와는 전혀 다를 것이며, 이보다는 구성원이 유식한 사회가 훨씬 좋다고 여긴다. 그러나 이러한 추론은 교육 목적론의 우선순위 문제와 진리 추구에 관심을 가지고 있는 사람이 진지하게 보이는 반응이라기보다는 오히려 정치가의 반응에 가깝다. 한 범주의 교육 목적을 추구하다 보면 필연적으로 다른 범주의

교육 목적을 함께 도모해야 하는 것은 당연한 일이다. 물론 각 범주에 대한 강조점의 차이는 있으며, 때로는 갈등도 야기된다. 예컨대, 화이트(White, 1982: 20)는 어떤 활동에 헌신하여 수월성을 추구하는 것이 많은 경우에 개인의 행복뿐만이 아니라 원만한 인격 형성에도 유해하다는 확신에 찬 주장을 한 바 있다. 하그리브스(Hargreaves, 1982: 77-112)는 사회적 목적의 우위를 강조하면서, 금세기 초에 교육 목적을 개인의 기술과 능력 개발에 집중한 결과, 사회 분열과 소외 그리고 사회 전반의 아노미 상태를 야기했다고 주장한다. 이러한 갈등을 해소하거나 말소하려는 시도는 있을 수 없으며, 이 점에서 한 범주의 교육 목적이 다른 범주의 교육 목적보다 우위에 있어야 한다는 주장이 전개되지 않을 것이다.

한 가지 교육 목적의 타당성이 다른 교육 목적과 적절하게 연계되는 경우는 양자 간에 확실한 근거에 입각한 예외적인 경우에 한정된다. 그러나 절대적인 기반을 찾을 수 없는 가치 영역에서, 어느 교육 목적에 보다 헌신해야 하는가를 판단하는 문제는 항상 논쟁거리로 남는다. 정치적 영도력이나 공식적인 행정력에 의존하여 논의를 통합할 수 있겠지만, 교육 목적에 관한 논의는 교사의 의견을 특정한 방향으로 강제적으로 이끌어 가기보다는 교사들이 공유하는 의견을 조율하는 편이 훨씬 더 효과적이다. 바로 이러한 이유 때문에 교직 종사자는 교육 목적과 그 정당화 논의를 수준 높게 이해할 필요가 있다.

두말할 필요도 없이, 목하 교육 목적 논의가 어떠한가는 필연적으로 그것이 어떻게 정당화되는가 하는 방향을 결정한다. 개인의 이익 증진에 교육 목적이 맞추어져야 한다고 하면, 논의의 초점은 개인의 이익이 어떻게 정당화되는가 하는 문제에 맞추어져야 한다. 마찬가지 방식으로, 사회적 목적은 좋은 사회의 본질이 무엇인가에 관한 문제를 제기하며, 이와 함께 교사의 사회적 역할은 어디까지인가 하는 문제를 수반한다. 모종의 활동과 학문의 수월성이 '그 자체를 목적으로 해서' 추구되어야 한다는 주장은 바로 그 활동과 학문의 수월성이 무엇인가를 충분히 검토하지 않으면 공허한 주장 또는 수사적 표현으로 전락할 뿐이다.

교육 목적과 교육의 개념

앞에 제시한 세 가지 범주에 속하는 교육 목적을 검토하기 전에 명백히 해 두어야 할 일반적 사항이 한 가지 있다. 그것은 교육 목적과 교육의 정의에 관한 논의 또는 소위 '개념'과의 관계에 관한 것이다.

어떤 것을 교육 목적으로 간주하기 위해서 교육적 맥락에서 그것을 성취하는 수단으로 인식되는 것이 있어야 한다는 것은 자명한 이치이다. 한편으로 학생의 전반적인 후생, 안전 및 정신적·신체적 건강과 관련하여 교사에게 부과되는 책임의 범위와 다른 한편으로 아동기에서 어른으로 성장하는 학생에게 요구되는 지식, 이해 및 여타 능력, 인격 형성과 발달에 주로 관련하여 교사에게 부과되는 책임의 범위를 획정하는 것도 또한 유용하다. 게다가 자원과 사회적 역할의 배분은 사회 구성원의 적지 않은 상호 신뢰와 자원 이용에 대한 이해에 근거해야 한다. 그러므로 교육 목적의 달성을 위해 활용되는 자원은 교육 목적을 이해하는 방식에 따라 활용되어야 한다. 이러한 측면에서 보면 교육의 개념 정의는 교사의 교육 목적이 무엇이어야 하느냐는 문제와 관련을 맺는다.

앞서 목적, 이상, 목표를 구분했던 것처럼, 실질적인 문제를 취급하기 전에 예비 작업으로서, 교육과 대비되는 개념과 교육의 관련 개념을 명료하게 분석하는 것이 요구된다. 아이에게 '코를 닦아라' 또는 '코를 청결하게 하라'고 말하는 것과 감기가 남에게 옮겨 가지 않도록 '코를 닦으라'고 말하는 것 사이에는 차이가 있다. 교육 논의에 있어서 교육과 사회화를 구분하고, 사람들로 하여금 이러한 차이를 이해시키는 것이 때로는 매우 필요하다. 그러나 특정 상황에서 실제로 아이를 어떻게 다루어야 하는가는 아이의 나이, 성격, 선행학습을 고려할 때, 그 방법이 교육인가 사회화인가를 따질 것이 아니라 그것이 가져올 실제적인 효과가 무엇인가에 맞추어져야 한다.

이와 마찬가지로, 금속 세공 작업 방식의 옳고 그름은 그 일의 '이름'이 교육인지 직업훈련인지에 달려 있는 것이 아니라, 학생들을 단지 보다 나은 세공 기능공으로 만드는 일을 넘어서 유능하고 사려 깊은 개인으로 성장하게 하는 일에 달려 있다.

그렇다고 해서 교육 개념에 대한 이해가 교육 목적 논의에 전적으로 전제가 되어야 한다는 것이 아니라, 논의를 위한 예비적인 수단으로 활용되어야 한다는 뜻이다. 교사나 학교가 어떤 노력을 해야 하는가를 진지하게 논의하는 바로 그 순간에, '그것은 교육이 아니라, 사회화이거나 교화이거나 훈련이다'라는 식의 단언적인 판단은 논의의 흥미진진한 맥을 아예 끊어 버린다. 이러한 주장의 또 다른 형태는 '이것은 영어권에서 교육이 의미하는 바가 아니다' 라는 말에서 찾을 수 있다. 때로는 옥스퍼드 영어사전과 심지어 라틴어 어원의 권위에 근거하여 자기주장을 강제함으로써 상대방을 무력하게 하고 방향을 호도하기도 한다.

이와 관련하여 자기와 의견을 달리하는 사람이 그 말을 사용하지 못하도록 모종의 '바람직한'* 용어의 의미를 특수하게 규정해 버리는 유명한 논법(Gallie, 1955/6; Nash, 1984; Montefiore, 1979)이 동원되기도 한다. '교육'은 바로 이러한 식의 개념 중 하나다. '민주적', '기독교적' 그리고 '예술적' 등과 같은 용어도 이에 속한다. 이를테면, '판서 위주'**의 전통적인 교수방법과 교육과정을 반대하고 실습 위주의 직업교육 과목을 포함시키고자 했을 때, 전통적 교수법이 다른 방법보다 효과가 적다는 자신의 입장을 입증해 보이기 어렵거나 직업기술은 구체적으로 언제, 어떻게 실시되어야 하는가 하는 골치 아픈 반문을 회피하기 위해서 자신의 주장이 아닌 것은 '진정한' 교육이 아니라고 치부해 버리면 된다.

'무엇을 해야 하는가?' 하는 실제적 질문이 개념 정의에 관한 탐구만으로 해결될 수 없다는 주장은 오래전부터(Hume, 1751, 3.I.i, 507-520) 개진되어 왔다. 그러나 존 화이트(John White, 1982: preface, x-xi)의 노력에도 불구하고, 교육 목적 논의가 상당한 영향력을 가지고 있다는 사실 때문에 이 문제에 대한 혼란은 여러 학자들에 의해

---

* honorific: 자기편을 절대 선에 상응하는 것으로 규정하고 다른 편을 궁지에 몰아세우는 일종의 편 가르기 수법이 동원된다는 뜻.
** talk and chalk

가중되었다. 피터스(Peters, 1964; 1973b; 1973e; Hirst & Peters, 1970: 17-41)는 특히 교육의 개념 분석에 대단한 열의를 보여 왔다. 그의 분석에 따르면, 교육이라는 개념은 의도적 노력이 따르는 학습의 과정*으로서, ① 학습자의 인격이나 마음의 상태에 어떤 형태의 향상을 가져오고, ② 도덕적으로 용납될 수 있으며, 학습자가 알고 동의하는 학습 과정만 적용된다. 한 걸음 더 나아가서 그 학습 과정이 교육되기 위해서, ③ 그것은 세상에 대한 학습자의 인지적 안목을 수정하고 확장하는 것이어야 하며, ④ 결과적으로 모종의 내재적으로 가치 있는 활동에 냉정하게 헌신하는 것이어야 한다.

교육의 개념 정의에 그렇게 많은 열의를 보였던 것은 분명히 한동안 널리 퍼져 있었던 철학적 가정, 즉 '개념을 명료화하는' 일에 주의를 기울이기만 한다면 많은 철학적 문제가 해결되거나 문제 자체가 사라져 버릴 것이라는 철학적 믿음 때문에 나타난 결과이다. 교육의 개념에 대한 그의 분석이 갖는 영향력은, 피터스의 개인적 카리스마 덕분이기도 하지만, 그것이 교육이론가들로 하여금 도구적 성과를 교육 목적이라고 여기는 단순하고 조야한 관점에서 벗어나게 해준 이론적 공헌 때문이기도 하다.

혼란이 생기는 것은 교육의 준거로 설정한 기준의 독특한 본질 때문이다. '향상'**이 교육의 준거라는 것은 진실일 수도 있고, 진실이 아닐 수도 있다. 만약 그것이 진실이라면, 교육이 바람직한 것임

---

* deliberately contrived learning procedures
** betterment

은 두말할 필요도 없다. 그렇지 않은 향상이란 불가능하기 때문이다. 학생들이 도덕적으로 용인될 수 있는 방법으로 다루어져야 한다는 것도, 그 방법이라는 것이 학생의 의식적인 동의를 포함하는 절차에만 한정되어야 하는가는 별개의 문제로 치더라도, 이 또한 두말할 필요도 없이 자명한 것이다. 그러나 기준 ③과 ④처럼 교육이 학생의 지적 안목을 수정하는 일과 내재적으로 가치 있는 활동에 헌신하게 하는 일을 포함한다고 할 경우, 내재적으로 가치 있는 활동이라는 것이 몇몇 특정 학문과 지적 활동에 동일시된다고 할 때는 특히 심각한 문제가 제기된다.

세계에 대한 아이들의 이해를 넓히고, 또 아이들이 내재적으로 가치 있는 활동에 헌신하도록 권장하는 것이 과연 충분한 이유가 되는가에 관해서는 이후에 다시 논의하게 될 것이다. 그러나 논점은 내재적으로 가치 있는 활동이 교육의 개념에 한 부분으로 포함되기 때문이 아니라, 그 활동이 바람직한 것이라는 별도의 이유가 제시되어야 하기 때문이다. 엄밀하게 말하자면, 피터스 자신도 개념적 탐구와 실질적 처방 간의 구분을 자주 강조해 왔다. 이 점에서 그의 가장 영향력 있는 저술을 통해 그의 많은 추종자들이 이 구분을 하지 못하고 혼동하고 있다는 것은 더욱 아이러니이다.

결 론

이 장에서 일반적인 몇 가지 문제를 명료화하려 했던 것은 특정한 교육 목적에 관한 논의가 시작부터 미궁에 빠지지 않고 긍정적인 기여를 할 수 있도록 하기 위한 것이다. 이제 우리는 특정한 교육 목적 하나하나를 검토해야 할 시점에 와 있다. 교육 목적을 실행하는 교사의 입장에서 이러한 고려가 자신의 행동을 혼란에 빠뜨리거나 가로막는 것이 전혀 아니라는 점을 이해해야 할 것이다. 오히려 이와 반대로 교육 목적에 관한 논의는 교사가 자기 활동을 지도하고 평가하는 데 도움이 될 것이며, 오늘날의 분위기에서 보더라도 그 필요성이 점차 증가하는 바와 같이, 정치적 측면 또는 여타의 측면에서 교직에 대한 비판이 가해졌을 때 교사 자신의 활동이 전문직이라는 점을 입증하는 데 도움이 될 것이다.

제2부 교육 목적과 개인

3

행복: 교육 목적으로서 한계

교육 활동뿐만 아니라 모든 인간 활동은 그것이 무엇이건, 어떠한 방식으로건 인간의 행복을 극대화하는 방향으로 이루어져야 한다는 견해가 지배적이다. 이 견해를 지지하는 사상가들이 염두에 두고 있는 것은 학생의 현재와 미래의 행복뿐만 아니라, 그 결과로 다른 사람의 행복도 증진해야 한다는 데 있다. 이 점에서 행복 증진이라는 교육 목적은 개인으로서 학생은 물론이고, 모든 이들이 더 행복한 삶을 누릴 수 있는 보다 나은 세상을 만드는 폭넓은 교육 목적에 관계된다. 이와 관련하여 바로우(Barrow, 1976: 79-103)는 내재적으로 가치 있는 활동과 관련되는 교육 목적이 결과적으로 행복이나 만족에 기여한다고 재해석한 바 있다.

윤리학 이론으로서 공리주의는 많은 장점을 지니고 있다. 첫째, 공리주의는 본래 평등주의 이론이다. 행위의 궁극적인 목적은 최대 다수의 최대 행복 증진에 있다는 공리주의의 고전적 진술처럼, 인간 행복의 총화를 계산함에 있어서 각 개인은 엄격하게 동등한 취급을 받아야 하고, 어느 누구도 그 이상으로 취급되어서는 안 된다(Williams, 1972: 36).

둘째, 공리주의는 세속적이다. 즉, 공리주의는 뚜렷한 목적이 없는 규칙이나 법령 그리고 고답적 이상과 전통의 추구가 인간 행복의 증진을 가져오지도 못하고, 심지어 인간을 불행하게 만드는 경우에 일종의 해독제 제공 역할을 한다는 현실적인 장점을 지녔다.

셋째, 지나치게 비관적으로만 보려고 하지 않는다면, 공리주의 이론은 그 자체의 독특한 실행력을 내포하고 있다. 예컨대, 공리주의 이론은 교사가 현재 상태에서 학생들의 최대 행복뿐만 아니라 학생들의 장래 행복 증진과 불행 회피에 필요한 내용을 동시에 학습하도록 관심을 기울여야 한다는 점을 암시한다.

물론 윤리학 이론으로 공리주의가 지니고 있는 여러 가지 문제점이 있지만, 그렇다고 그것들이 비판자들이 과장하듯이 절대 극복할 수 없는 문제는 결코 아니라는 점을 지적할 필요가 있다. 예컨대, 현재의 행복이 미래의 행복을 위해서, 또는 역으로 미래의 행복이 현재의 행복을 위해서 희생되어야 하는가, 왜 그래야만 하는가 하는 문제에 포함된 난점을 들 수 있다. 그러나 그 어느 편도 바람직한 것이라고 단정하기 어렵다. 현재의 순간적 행복이 장차 남은 인생의 불행에 상당할 가치가 될 수 없으며, 인생 말년의 짧은 행복이 일생에 걸쳐 겪는 고역에 대한 보상이 될 수도 없다. 공리주의자의 관심은 일생에 걸친 행복의 총화에 있다. 물론 만족한 현재 상태에서 과거의 슬픔과 불안을 되돌아보는 것은 그 자체가 행복의 원천이 될 수 있는 반면에, 불행한 현재 상태에서 과거의 행복을 되돌아보는 것은, 만약 현재 불행한 상황을 스스로가 자초한 경우라면 더 비참함을 더해 줄 뿐이다.

행복의 '본질'이 무엇인가에 관한 문제가 제기되어 왔다. 행복이 순전히 감각적 쾌락의 문제라고 아무도 생각하지 않지만, 이를테면 찬비를 맞으며 치통에 시달리면서 공원 벤치에서 전날 밤을 지새운 다음 날 푹신한 침대에 드러누워 따끈한 차를 마실 때 느끼는 행복을 부정할 수는 없다. 그러나 만약 방금 백만 파운드의 거금을 상속받았다거나 『전쟁과 평화』와 같은 대하소설을 탈고한 경우에는 비록 치통을 앓고 있다 해도 행복하다고 여길 것이다. 사람들은 자기가 원하는 모든 것을 다 성취하고도 불행할 수가 있으며, 또 행복을 느끼게 하는 감정은 화학적으로 만들어 낼 수 있고, 심지어 항구적으로 이를 지속시킬 수도 있다. 마찬가지로 비참한 기분을 같은 방법으로 확실하게 완화시킬 수도 있다. 행복은 객관적인 사실보다는 오히려 순간적인 감정에 기인하는 것일 수도 있다. 어떤 사람에게 행복을 주는 요인이 다른 사람에게는 아무런 영향을 주지 못할 수도 있다. 행복은 운에 따른 것이거나 착각에 의한 것일 수도 있다.

이 같은 사실 때문에 행복은 한 가지로 집어서 말할 수 있는 것이 아니라 윤리적으로 중립적이거나 심지어 비난받을 만한 물리적·정신적 상태를 모두 포함하는 포괄적 개념*이라고 여겨지기도 한다. 이 점은 상이한 사람들이 상이한 사실을 놓고 상이한 방식으로 제각

---

* blanket term

기 행복하다고 여기는 사실에서 확인된다. 심지어 오이디푸스가 자신의 결혼식 날 그러했던 것처럼, 어떤 사람은 전혀 그릇된 근거에서 행복하다고 여기는데 이 경우 도덕적인 문제는 그 사람이 느끼는 행복이 아니라 그의 그릇된 판단으로 인하여 그에게 다가올 불행에서 비롯된다.

공리주의에 대한 또 다른 반론은 소위 '쾌락 계산'*에 근거하여 특정의 행동이 야기하는 행복이나 불행의 상대적 총량을 계산한다는 아이디어에 맞추어져 있다. 시립 오페라 하우스 건립으로 얻어지는 쾌락과 지방세율의 인하에 따른 쾌락을 도대체 어떻게 비교할 수 있단 말인가? 그리고 그 비교 단위를 어떻게 설정할 수 있는가? 공리주의 비조인 벤담의 언급이 종종 이러한 비판을 촉발하는 것이 사실이지만, 그의 사상적 기저를 이해하려 한다면 굳이 수학적 정확성을 찾으려고 할 필요는 없다. 어떤 행동이 보다 큰 행복을 가져다주는가가 심지어 전혀 다른 원인에서 비롯된 행복의 경우에도 가장 주된 논점이 된다. 행복 증진 정도를 명백하게 판단하지 못한 경우는 단지 판단에 어려움이 있는 것이지, 행복의 원천이 동일한가 상이한가가 문제가 되는 것이 아니다. 공리주의는 '자연주의'의 한 형태라고 한다. 이 반론의 핵심은 우리가 먼저 '당신은 사람들을 행복하게 해 줄 수 있는 것을 해야 한다'와 같은 일반적인 주장을 하려면, 'X는 사람들을 행복하게 할 것이다'라는 전제로부터 'X를 해야 한다'는 주장을 끌어낼 수 있어야 하는데 그렇지 못하다는 데 있다. 그러나 이 반론

---

* hedonic calculus

은 누군가를 행복하게 만들 무엇이 있다는 말에 대하여 약간의 오해를 내포하고 있다. 행복은 모종의 심리적 또는 물질적 상태를 지칭하는 것이 아니라, 사람들이 소망하는 바와 밀접하게 관련된 것이다.

앞에서 보았듯이, '나는 내가 원하는 것을 모두 가졌지만 여전히 불행하다'는 말이 충분히 성립한다. 그러나 이 언명에는 무언가 역설적인 것이 있다. 이런 말을 하는 사람은 우울증처럼 모종의 의학적 문제를 지닐 수도 있고, 보다 더 그럴듯한 경우로 자신이 충분히 의식하지 못하거나 말로 표현할 수 없는 다른 욕구를 지니고 있는 경우일 수도 있다. 비록 많은 오해를 일으키기도 하지만, 행복이 바람직하다는 것은 대부분의 사람들이 아니라 모든 사람들이 행복을 바란다는 것과 꼭 같은 뜻이라고 밀(Mill, 1861: 32–33)이 주장한 바 있다. 사람들이 때때로 도덕적으로 옳지 않은 것을 바라기도 한다. 예컨대, 우리는 탐욕이나 앙심을 가질 수 있지만, 그것이 비난받는 까닭은 부분적으로는 남을 불행하게 만들고 종국에는 자신도 불행에 빠뜨릴 수 있기 때문이다.

모든 사람의 욕구를 똑같은 비중으로 여기는 사회에서 어떤 사람이 자신을 행복하게 해 주는 무엇인가를 원한다는 사실은, 다른 고려 사항이 없다면 그 사람이 그것을 획득할 수 있도록 배려해야 할 이유가 된다. 한 사람의 행복이 다른 사람의 행복과 마찬가지로 중요하다고 하는 것은 최소한의 요건이다. 보다 분명하지 않은 것은 행복이 유일하고 궁극적인 선인가 하는 점이다. 교사를 포함한 우리 모두가 해야 할 일이 무엇인가를 고려해야 할 때 행복을 극대화하는 것이 과연 유일한 기준이 되는가 하는 점이다.

행복이 최우선적으로 고려되어야 한다는 견해는 지금까지 살펴본 바와 같이 쉽게 해결할 수 없는 많은 반론을 야기한다. 여러 반론 중 하나는 최고 행복을 가져오고 최악의 불행을 피하는 것과, 이와는 다른 고려 사항 때문에 마땅히 해야 하는 일 사이에 분명한 갈등이 있는 경우가 종종 대두된다는 사실이다. 예컨대, 경찰이 어떤 사람이 아동학대범이라는 상당한 확신을 가지고 있지만, 그가 범인임을 뒷받침할 만한 충분한 증거를 확보하지 못한 경우를 생각해 보자. 많은 사람들은 경찰이 더 이상의 폭행과 불행을 막을 결과를 고려하여 범인임을 입증할 증거를 조작하는 것에 의문을 제기할 것이다.

　이 반론에 대한 전형적인 공리주의는 도덕규칙은 보편적으로 적용되어야 한다고 응답한다. 말하자면, 우리는 이와 같은 특별한 경우에 야기되는 행복과 불행의 총량만 산출할 것이 아니라, 경찰에 의한 증거 조작이 사회 전반에 걸쳐 더 큰 행복을 가져올 것인지 여부를 고려해야 한다. 이 견해는 행위공리주의보다는 규칙공리주의*를 따른다고 할 수 있다. 유사한 사례는 공리주의가 개인의 권리를 설명할 때 직면하는 문제에서도 찾을 수 있다. 만약 두 사람이 바람 부는 차가운 외부에 서 있는데 한 사람만 두꺼운 외투를 입고 있다고 할 경우, 외투가 없는 사람이 속옷마저도 더 얇은 것을 입고 있어서 추위를 견디기가 더 어렵다 할지라도, 그가 상대방의 외투를 빼앗아 입을 권리를 가졌다고 보지 않는다. 왜냐하면, 외투를 빼앗는 것이 불행의 총량을 줄이기는 하지만 그 행위가 소유자의 재산권을 침해하기 때

---

* 행위공리주의(act utilitarianism), 규칙공리주의(rule utilitarianism)

문이다. 규칙공리주의는 소유자의 재산권을 존중하는 것이 그렇지 않은 경우보다 사회적으로 더 큰 만족을 가져오는 경향이 있으므로 재산권이 침해되어서는 안 된다고 주장한다. 이와 마찬가지로, 만약 경찰이 자신의 심증을 뒷받침하기 위해서 증거를 조작해서는 안 된 다는 주장은 일반적으로 해악보다는 선을 가져온다.

하지만 이와 같은 논리 전개에도 결함은 있다. 우선 행위공리주의 와 규칙공리주의를 구분하는 것은 쉽지 않다. 불행보다 행복을 증진 시키는 행위는 그것이 어떤 것이든지 간에 규칙공리주의를 만족시키기는 하지만, 그와 동시에 그 규칙에 많은 사람들이 도덕적으로 의심 스럽다고 생각하는 행동을 허용하는 경우가 있을 수 있기 때문이다. '경찰은 혐의자가 유죄임을 확신하고 있다면, 오직 그 경우에 해당하는 증거를 조작해야 한다'는 것과 '재산권을 무시하는 것이 행복을 증진시키는 경우 재산권은 무시되어야 한다'는 것은 모두 이 경우에 해당한다. 덧붙여서 행위공리주의에서 규칙공리주의로의 이행은 공리주의가 당초 설정한 행복이 아닌 다른 고려 사항, 이를테면 규칙의 일관성을 행위 판단의 기준으로 끌어들여야 한다고 주장하는 단점이 있다.

교육 목적의 정당화 맥락에서 드러나는 공리주의의 문제점은 많은 교육자들이 그다지 열정을 쏟을 수 없는 일에서 많은 사람들이 더할 나위 없이 행복을 느낀다는 사실이다. 교육자들이 학문 연구나 예술 창작처럼 매우 가치 있다고 여기는 여러 가지 활동들이 실제로는 많은 사람들을 행복하게 해 주는 것 같지 않으며, 심지어 그들이 불행하다는 느낌을 갖게끔 한다(Elliott, 1977: 12). 단지 쾌락이라는 기준에서만 본다면, 시 읽기와 같은 교육적 활동들이 핀 꽂기*나 이와 유사한 소일거리보다 더 가치 있다고 여길 하등의 이유가 없다. 이 점에서 공리주의자들이 제시할 수 있는 유일한 논점은 사실상 시를 좋아해야 할 이유가 없음을 인정하는 것이다. 그러나 이는 무엇을 하건 현재의 처지에 완전히 만족하는 밀의 돼지(Mill, 1861: 9)보다는 자신의 처지에 만족하지 않고 보다 나아지기 위해서 노력하는 인간을 더 좋아해야만 하는 교육자에게는 전혀 도움이 되지 않는 논거이다.

이에 대한 밀의 해결 방식은 행복에도 종류가 있으며, 어떤 것은 다른 것보다 고급이거나 더 낫다고 하는 데 있다. 이 주장은 단지 어떤 형태의 행복이 다른 형태의 행복보다 강렬한 것이어서 이른바 쾌락 계산에 있어서 두 배로 산정된다는 뜻이 아니다. 도박꾼의 행복이 과학자와 창조적 예술가의 행복보다 크지 못한 것은 아니기 때문이다. 밀의 의도는 몇몇 형태의 행복, 이를테면 지적 활동을 통해서 얻는 행복은 다른 것을 통해 얻는 행복보다 어떤 점에서 더 낫거나 더 가치 있다는 점이다.

문제는 밀이 규칙공리주의를 따르면서도 이보다 더 명백하게 새로운 가치 기준, 즉 '가치 있음'**이 한 가지 종류의 행복을 다른 행복과 구분하는 특질을 가진 기준이 된다는 점을 제시했다는 것이다. 그가 새로운 기준을 끌어들인 것은 어느 면에서는 전적으로 옳은 일이다. 행복은 비록 유일한 선은 아니지만 확실히 추구할 만한 선이기

---

* playing push-pin
** worthwhileness

때문이다. 그러나 이러한 논의는 단지 행복을 가져오는 것만이 선이라고 판단하는 공리주의의 입장을 포기하는 것이 된다.

교육자의 관점에서 보면, 현재와 미래의 행복을 모두 고려해야 한다. 우리가 학생의 행복을 존중하는 것은, 그것이 비록 다른 목적들과 갈등하는 경우에 어수룩해 보일지라도 올바르게 대응하는 것이다. 그러나 행복 증진을 핑계로 하여 학생에게 불필요한 부담과 곤궁에 빠지게 하는 교육체제는 비양심적인 체제이다. 이 점에서 우리는 학생을 성적이 올라가는 일 이외에 아무런 기쁨도 느낄 줄 모르게 만든 결과 타인과 좋은 인간관계를 맺을 줄도 모르고, 불행하게도 경쟁적인 삶을 영위하며, 또는 주위의 사람들에게 끊임없이 불행을 안겨 주는 사람으로 만드는 교육을 비난한다.

학생의 행복을 고려해야 하는 보다 적극적인 이유로 학생의 직업과 관련된 자격을 갖추게 하는 일을 들 수 있다. 이에 대한 한 가지 정당한 논거는 학생들로 하여금 자신이 원하는 직업을 갖도록 함으로써 그들이 행복을 얻을 기회를 증진할 것이라는 점이다. 그러나 우리는 이 주장에 보다 세심한 주의를 기울여야 한다. 제6장의 후반에서 다루겠지만, 직업을 위한 학습에만 치중하는 것은 학생의 선택 범위를 넓혀 주기보다는 제한하기 때문이다. 만약 물질적 번영이 보다 많은 행복을 가져다주고, 고도의 능력을 갖춘 노동력이 더 물질적인 번영을 보장한다면, 이것도 교육 프로그램을 구성하는 데 상당히 고려해야 할 요인인지 모른다.

학생들이 학교는 물론이고 다른 곳에서도 자기가 몰두하는 여러 가지 활동에서 즐거움을 얻을 수 있어야 한다는 것은 교사가 마땅히 지녀야 할 타당한 목적인지 모른다. 이 경우에 단지 동기 유발 전략일 필요는 없지만, 학생들로 하여금 남들이 특별히 할 만한 가치가 있다고 권장하는 활동에 대한 긍정적인 태도를 길러 주도록 하기 위해서는 이에 대한 타당한 근거가 있어야 한다.

공리주의가 미래의 단순 노역에 착취당하도록 학생들을 길들이기 위한 교육을 합리화하는 수단이라고 비난하는 것은 공리주의에 대한 올바른 비판이 아니다. 만약 사람들이 단순 노역의 삶을 살아가도록 되어 있다고 하더라도, 가능하다면 고통과 좌절 속에서 삶을 영위하게 하는 것보다는 만족한 마음으로 단조로운 삶을 영위하게 하는 것이 더 나을 것이다. 이 점도 역시 논쟁의 소지는 있다. 그러나 어떤 경우에도 공리주의는 단지 단순 노역에 종사하는 사람이 자신의 노예 상태를 벗어 던지고 보다 만족스러운 삶의 방식을 요구하게 되는 사태를 방지하기 위한 목적으로 그 사람들을 자기도취적인 만족에 빠지도록 방치하는 일에 동의하지 않을 것이다.

자체의 장점에도 불구하고, 공리주의는 결과적으로 윤리이론과 교육 목적 논거로서 모두 부적합한 점이 있다. 세상에는 행복을 가져다주는 총량에 관계없이 우리 나름의 방식대로 가치를 부여하고 성취를 권장할 만한 업적이 많이 존재한다. 교육적으로 말하자면, 아동의 행복을 증진한다는 것은 소위 아동 중심 교육 목적과 공통적인 특징을 갖는다. 우리가 나이 어린 학생과 타인의 행복에 간섭할 자격과 권한이 없기도 하지만, 행복 증진이라는 교육 목적은 교육자가 전달하고자 하는 교육 내용과 성취해야 할 내용이 구체적으로 무엇인지를 가리킬 수 없다는 단점에 봉착한다.

성장, 필요 그리고 흥미

/ 4

아동 중심 교육 목적은 경영 성과를 중시하던 1980년대의 각박한 분위기에 비추어 볼 때 어울리지 않는 소박한 목적이라고 볼 수 있다. '교육의 전 과정 한가운데에 아동이 있다'는 플라우든 보고서*의 온 정적 관점은 종종 조롱거리가 되기도 하는 것(Straughan & Wilson, 1983: 17)이다. 다른 방법에 비하여 어떤 교수방법이 약간이나마 더 효과적인가를 입증하는 연구(Bennett, 1976)에서 자신을 아동 중심이 라고 여기는 교사가 아이들에게 보다 엄격한 통제를 하는 교사보다 전문 능력에 있어서는 열등하다는 사실을 보여 주었다.

아동 중심 교육의 슬로건은 교육 현장이 어떻게 개선되어야 하는 가를 밝히는 일보다는 자신의 분석 능력을 과시하고 싶어 하는 철학 자의 손쉬운 표적이 되어 왔다. 아동 중심 슬로건들이 앞뒤가 맞지

---

* The Plowden Report

않는 측면을 내포하고 있다는 것은 부인할 수 없다. 그러나 아동 중심 슬로건은 지금까지 적어도 교사들에게는 직무 수행을 어떻게 해야 하는가를 안내하는 지침이 되는 등 권장할 만한 것도 있다. 아동 중심 교육 이론은 아동 중심 교육 목적의 특징을 잘 나타내는 다음 세 가지 슬로건에서 알 수 있듯이 교육 목적에 관한 논의에 긍정적으로 기여한다.

(1) 교사는 학생의 자연적인 성장을 도모해야 하며, 교사 자신과 사회가 임의적으로 요구하는 바를 강요해서는 안 된다.

(2) 교육을 수행함에 있어서 아동의 흥미*가 최선의 지침이 되어야 한다.

(3) 교육 내용은 아동의 현재 및 미래의 필요**에 의해 결정되어야 한다.

이 세 가지를 논의함에 있어서 가장 두드러진 특징은 아동 중심 이데올로기가 아동 중심 교육자들이 그토록 극렬하게 반대해 왔던 권위주의적 교육 방식, 때로는 교육의 '전통적' 방식의 반대편 입장에 비추어 볼 때 가장 잘 이해된다는 점이다. 이와 관련하여 전통적

---

* interest: '흥미'와 '이익'의 두 가지 의미를 가진다. 전자는 서술적 의미(summative sense)라고 하고, 'be interested in x'의 용법으로 나타난다. 후자는 규범적 의미 (normative sense)라고 하고, 'x is in one's interests'의 용법으로 나타난다.
** needs: '욕구'라는 의미로 사용되기도 하지만, '필요'가 더 정확한 표현이다. 욕구라고 할 경우 'desire'와 같이 심리적 상태를 나타내는 경우가 있어 비심리적 상태를 지칭하는 'needs'의 의미가 다소 혼동될 수 있다.

방식에 의하여 교사-학생 간에 반목적 관계가 흔히 형성된다고 해서 전통적 교육이 고리타분하고 비인격적 방식이 아니라는 점은 매우 중요한 논점이다. 전통 교육의 문제점은 그 자체가 근원적인 문제가 되는 것이 아니라 이면에 깔려 있는 철학적 사고와 관련될 때 문제가 될 뿐이다.

아동 중심 교육자들이 전통적 교육 방식에 줄기차게 반대해 왔던 핵심은 교육 내용이 어떤 형태의 권위에 따라 결정된다는 기본 가정에 있다. 때와 장소에 따라 다르기는 하지만 정치적 또는 종교적 위계에 근거한 권위에 의하여 교육 목적은 외부로부터 부여된다. 교육과정이 중앙에서 결정되고, 이에 수반되는 공식적 지침을 따른다든지 학교가 중앙의 감독을 받는 교육체제는 아동 중심 교육이 반대하는 방식의 극명한 사례가 된다. 그 권위는 학교의 존재를 사회계층의 상승을 보다 용이하게 하는 방편으로 간주하는 권위일 수도 있다. 그러나 자신을 '아동 중심적'이라고 생각하는 교사들은 교육 내용이 아동 본성에 대한 올바른 이해 없이, 특정 학문의 지적 특징과 논리에 비추어 또는 사회적 필요에 비추어 결정되는 경우에 반대할 것이다.

이와 같이 외부로부터 부여된 교육 목적은 교사와 자기주장이 강한* 학생들 간에 갈등이 왜 유발되는지를 쉽게 설명해 준다. 만약 외부로부터 부여된 교육 목적의 실행이 교사가 으뜸으로 수행해야 할 의무와 책임이라 한다면, 학생들이 단지 원하는 바를 개진하지 못하도록 방해하거나 지연시키는 것이 교사로서의 능력과 신념의 확고함

---

* high-spirited

을 가늠하는 척도가 될 것이다. 그러므로 교사 혼자 모든 것을 다 말하는 이른바 일방적 교수방법*에서는 수업 시간 대부분을 노트에 받아쓰게 하거나 판서하는 데 소비하며, 그 외의 수업 중 질문과 상호작용은 교사가 언급한 것을 학생들이 제대로 알아들었는지 확인하는 데 그 목적이 있다. 교사의 과업은 학생이 이미 아는 내용과 흥미를 가진 내용을 촉진하고 확장해 주는 일이 아니라, 모든 것을 안다고 간주되는 사람이 아무것도 모른다고 간주되는 사람에게 지식을 전수하는 일이라고 여겨진다.

　말할 필요도 없이, 특히 교사가 사람들을 다루어 본 사회적 경험과 아이들이 세상을 이해하는 방식에 관한 통찰력을 거의 갖지 못한 경우라면, '그들과 우리'라는 관계** 또는 적대적인 훈육 방식은 권위주의적 접근으로 이어진다. 보다 교사−학생의 인간관계를 중시하고, 교사가 어느 정도 카리스마와 매력을 지니며, 농담을 잘 하며, 벌보다는 상을 많이 사용함으로써 학급의 학생들을 즐겁게 해 주는 능력을 지니고 있는 경우에도 외부로부터 부여된 교육 목적이 엄연히 존재한다는 점은 그다지 명백하게 인식되지 않는다. 이 경우는 교육 목적이 아니라 동원되는 수단이 문제가 된다.

　아동 중심주의자가 많은 학교에서 자연적 성장을 방해하는 비자연적인 삶의 모습을 마지못해 관상용 식물 재배에 상응하는 정원사

---

* didactic style of teaching
** a them-and-us relationship: 학생과 교사의 관계를 각기 모르는 사람과 아는 사람의 관계로 보는 것.

모형*에 비유하는 것은 강제적이고 교묘하게 조작하는 교육 방식에 대한 반응이다. 그들은 아동이 천성적으로 호기심이 많고, 친절하며, 정직하고, 지적이라고 여긴다. 아이들은 그림 그리기, 노래 부르기, 책 읽기, 문제해결하기, 세상을 탐색하기, 실제적 작업 수행하기 등과 같은 일을 좋아한다. 우리는 이러한 것들을 아이들에게 일부러 심어 줄 필요가 없다. 그러한 것은 아이들 속에 이미 모두 내재되어 있다. 우리가 해야 할 일은 이러한 씨앗들이 자연스럽게 발달할 수 있는 조건과 아이들이 자신의 선천적인 잠재력을 깨닫게 할 수 있는 조건을 제공하는 것이다. 무엇보다도 우리 자신이나 사회적 요구를 빌미로 하여 자의적으로 강요해서는 안 된다.

유기체의 성장이라는 관점은 아이의 마음을 마치 빈 항아리나 백지판에 좋은 학습 내용을 채우거나 써넣음으로써 아이들을 유용하게 만들어 낼 수 있다는 주형의 관점과 대비된다. 애초에 아동 중심 교육은 전통 교육자들과 대조적으로 '자연에 따라 아동의 자연적 성장을 도모한다'고 함으로써 교사 자신의 취향을 아동에게 강요한다는 비난을 피할 수 있다고 생각하였다. 그러나 교사는 교육의 과정에서 지향해야 할 가치판단, 선택, 의사 결정의 책임을 회피하는 결과를 초래하였다.

어차피 교사의 선택은 궁극적으로 피할 수 없는 것이다. 왜냐하면, '자연을 따른다'는 것도 하나의 결정 사항이며, 이 또한 다른 결정과 마찬가지로 자세히 검토하고 토론해야 할 문제이기 때문이다.

---

* horticultural idiom

아동심리와 발달 연구 결과를 토대로 교육 목적을 결정할 수 있다고 가정하는 것은 교육 목적 논의가 단지 보다 많은 사실을 밝히고자 하는 것을 목적으로 하는 경험 연구 결과를 토대로 가능하다고 간주하는 잘못이다.

이러한 잘못은 '자연적'이라는 말의 사용 방식에 나타나는 애매성과 또 성장이라는 말이 인간에게 적용될 때 드러나는 의미가 전혀 달라진다는 데 기인한다. '자연'에 대해서 말하자면, 말 그대로 '가치중립적' 의미가 있으며, 이 점에서 자연적인 것이란 단지 있는 사실 또는 인간의 개입이 배제된 것을 지칭한다. 즉, 자연적인 것인가 아닌가 하는 것은 사실의 문제다. 이와는 대조적으로, 특히 루소와 낭만주의자들 이래로 '자연적'이라는 말을, '인위적', '과장된', '거짓의', '강요된', '타락한' 등에 반대되는, 상당히 가치 부하된* 의미로 사용해 왔다. 이 경우 '자연적'이라는 말은 단지 기술적 의미가 아니라, 어떤 종류의 행동이나 행위를 칭찬하거나 옹호하는 의미로 사용된다.

첫 번째 의미로 말하자면, 자연은 야만이 지배하는 피비린내 나는** 것이라고 말할 수 있다. 자연법칙은 약육강식의 법칙이다. 비둘기, 장미와 마찬가지로 촌충, 전갈도 자연의 일부다. 상황에 따라서는 강간, 폭력 그리고 자기중심적 소행***이 다른 행위보다 더 자

---

* value loaded: 가치 부하(價値 負荷). 세수할 때 '손을 씻는다'는 사실적 의미이지만, 전과자가 이 말을 사용하면 범죄에 더 이상 연루되지 않겠다는 의지를 표명하는 '가치 부하된' 의미가 된다.
** red in tooth and claw
*** egoism: 원래 'egoism'은 이기주의에 상응하는 말이다. 이기주의는 '심리적 이기

연스러운 것이라고 말할 수 없을지 몰라도, 다른 행위와 마찬가지로 자연스러운 것일 수는 있다. 물론 이 경우가 아동 중심 사상자들이 옹호하는 자연 존중의 의미가 아닌 것은 분명하다. 왜냐하면 무엇이 자연적이라고 말하는 것은 단지 사물의 존재 방식을 기술하는 것이지, 그것을 선호하는 이유를 끌어내는 일이 아니기 때문이다. 이러한 논점의 바깥 영역으로 가게 되면 '단지 자연적'이라고 말하는 것은 비난받을 행위를 저질러 놓고서는 이에 대한 변명거리를 구하는 것으로 변질되기도 한다.

그 결과 자연적 성장을 극명하게 옹호하는 사람이 고안한 자연의 의미는 자연적이라고 지칭한 것을 기술하는 것이 아닌 개인의 선호를 가리킨다. 아마 그가 자연적 발달을 통하여 드러내고 싶은 특질은 지성, 진실성, 친절함, 솔직함, 독립성 그리고 합리성과 같은 특질이지 이와 반대되는 것은 아닐 것이다. 그러나 만약 첫 번째 가치중립적 의미로 '자연 상태 그대로 그냥 내버려 둔다면', 도덕적인 것을 뛰어넘는 혼재된 특질이 나타날 것으로 보지만 실제로는 도덕적이거나 비도덕적 특질 중 하나가 나타날 것이다.

이 논증에는 다소 문제가 있다. 루소와 같은 아동 중심 교육자는 그가 아무리 자연이라는 말을 순수 기술적 의미로 사용한다 할지라도 자기중심주의, 허위, 노예근성, 위선, 폭력 등과 같은 비도덕적인

___

주의', '윤리적 이기주의' 또는 '방법론적 이기주의'처럼 도덕적 비난의 개념이 아니다. 그러나 일상 어법에서 '이기적'이라는 말은 자기중심적이라는 도덕적 비난조로 사용된다. 여기서도 이러한 용법으로 사용된 것이다. 이 경우 'vulgar egoism'이 정확한 표현이다.

특질을 결코 자연적인 것이 아니라고 주장할 것이다.

　반대로, 이와 같은 특질은 실상 사회에 의해서 만들어진 것이라고 주장할 것이다. 사회가 경쟁을 조장하기 때문에 이기적이고, 사회가 개인을 옥죄기 때문에 진실하지 못하며, 사회가 위계를 갖고 있기 때문에 위선적이고 개인을 복속시키며, 사회 구조상 폭력이 야기되기 때문에 개인이 난폭해진다. 인간에게 결코 자연적이지 못한 이러한 특질이 사회에서 학습된다. 만약 사회가 경쟁적, 강압적, 위계적, 폭력적이 아니라면, 인간은 선하고, 정직하고, 친절하고, 온순할 것이다. 이 논법은 의심할 여지가 없는 진실이다. 도덕적이건 아니면 이 같은 비도덕적 특질이건 간에 그것은 적절한 상황이 갖추어지기만 하면 나타나기 때문이 아니라, 나쁜 특질이 학습되는 것과 마찬가지로 도덕적 특질도 사회적으로 학습되기 때문이다. 왜냐하면, 선, 정직, 친절 등과 같은 도덕적 특질은 경쟁적, 강압적, 위선적, 위계적 또는 폭력적이지 않은 사회에서만 구현되고, 이를 따라 하도록 할 수 있기 때문이다.

　일시적으로나마 이러한 도덕적 이상 사회를 학교 안에서 구현해 내려 한 것은 아동 중심 교육의 확실한 업적이다. 그러나 이 일은 피와 땀과 눈물 그리고 적지 않은 기량을 요구한다. 결코 자연적으로 이루어지는 것은 아니다. 교육자는 자신이 선택한 교육 목적을 성취하는 수단으로서 이와 같은 공동체를 의도적으로 기획한다. 목적과 가치의 선택은 회피할 수 없으며, 다른 무엇으로 대체되어도 왜곡되기 십상이다. 교육 목적과 가치에 대한 면밀한 검토가 없다면, 아동 중심 교육도 왜곡된다.

자연적으로 생성되는 것을 교육 목적으로 여기는 이러한 견해는 교사의 전문성을 약화시킬 위험을 가중시킨다. 왜냐하면 아동 중심 교육관은 교사의 가장 중요한 책무가 아동을 강제하지 않는 것, 지식을 주입하지 않는 것, 바람직하지 않은 행동에 대해서 꾸짖지 않는 따위의 순전히 소극적 작위로 규정되기 때문이다. 이 논거를 연장해 가면 아동 중심 교육관은 교육에 있어서 자유방임주의, 심지어 무정부주의의 정당화도 수용하게 된다.

　　이러한 결론은 사회적 개입이 없는 환경에서 유기체의 자연적 성장과 발달을 보장한다는 관점을 인간의 이른바 도덕적·지적 성장으로 그릇되게 유추한 결과 도출된다. 왜냐하면 인간의 도덕적·지적 성장의 과정은 바람직한 행동 양식, 지식과 이해의 습득으로 이루어지며 자연적 성장에 따라 저절로 이루어지는 것이 아니기 때문이다.

　　도토리가 잘 자라서 훌륭한 참나무가 될 수도 있지만, 아예 성장하지 못할 수도 있다. 이는 인간의 경우에도 어느 정도 마찬가지이다. 물론 갓난아이가 자라서 바다사자나 하마가 될 수는 없다. 교육은 이 문제에 맞추어질 논점이 아니다.

　　그러나 아이가 깡패 두목이 될지, 시민운동가가 될지, 피아니스트가 될지, 아니면 마약 밀매범이 될지 하는 문제가 교육이 초점을 맞추어야 할 논점이다. 도토리는 참나무가 될 잠재력을 내포하고 있기 때문에 우리가 할 수 있는 일은 참나무로 성장하게 내버려 두는 일이다. 그러나 인간의 정자와 난자가 저절로 시민운동가나 훌륭한 피아니스트가 된다는 보장은 없다. 시민운동가는 기존 질서에 반대하는 급진적 사고 체계에 입문되지 않으면 안 된다. 정치적 반대는 자연 발생적 산물이 아니라, 세대 간에 오랜 시간에 걸쳐 전승된 전통에 따라 세심한 학습에 의하여 획득될 수 있는 산물이기 때문이다. 피아니스트는 음악에 대해 많은 것을 배워야 하며, 그가 배운 음악도 역시 사회적 전통의 산물이다.

물론 어느 경우에도 '잠재 가능성'이 없다면 인간은 피아니스트건 무엇이건 아무것도 될 수가 없다. 그러나 이 잠재 가능성은 도토리의 유전인자가 다 자란 참나무의 중요한 특징을 결정하는 것과 같이 결정적 요인이 아니다. 그보다는 인간의 잠재 가능성은 오히려 정신적 결함 또는 청각장애와 손가락 절단과 같은 신체적 방해 요소가 없다는 뜻으로 이해되어야 한다. 이런 종류의 잠재 가능성은 한 개인이 당면하여 노력하지 않으면 결코 성취할 수 없는 광범위하고 다양한 업적을 교육적으로 경험하게 함으로써 실현된다. 이러한 전제를 받아들여야 갓난아이의 길고 민감한 손가락과 같은 일체의 자연적 요소가 아이로 하여금 자라서 호로비츠*가 될 것인지, 아니면 훼이긴** 또는 돈 후안***이 될 것인지를 결정한다고 말할 수 있다.

그러나 성장의 비유에 가치가 전혀 배제된 것은 아니다. 정원사는 자신이 원하는 꽃을 선택하는 일종의 심미적 가치판단을 내릴 수 있지만, 일정한 자연적 한계 이상으로 꽃의 성장 속도를 빠르게 강제할

---

* Horowitz: 유명한 러시아계 피아니스트.
** Fagin: Dickens의 소설 *Oliver Twist*에 나오는 늙은 악한.
*** Don Juan: 스페인의 전설적 난봉꾼.

수는 없다. 정원사가 만약 좋은 결과를 얻기 원한다면, 그는 식물과 식물의 성장 조건에 관하여 많이 알아야 한다. 마찬가지로 교육자도 일단 교육 목적에 관한 가치판단을 내리고 나면, 아이들의 학습 방식에 대해 많이 알아야 한다. 이 경우 심리학, 아동발달 및 그 밖의 경험적 연구로부터 많은 정보를 얻을 수 있으며, 이는 정원사가 식물학과 화학으로부터 정보를 얻을 수 있는 것과 마찬가지이다. 여기서 정원사는 특정한 꽃을 만개하게 하는 방법을 배울 수는 있지만, 어느 꽃이 가장 아름다운지 또는 특정 상황에서 어느 꽃이 가장 잘 어울리는지 판단할 수는 없다.

아동의 자연적 성장을 도모해야 한다는 슬로건과 마찬가지로, 아동의 흥미와 필요를 존중해야 한다는 슬로건도 수긍할 만한 중요한 측면을 지니고 있지만, 이 역시 교육 목적 논의에서 구체적 지침을 제공하지 못하는 결점이 있다. 아동의 흥미와 필요가 지니는 가치는 아동 존중의 가치만이 아니라, 특정 발달단계의 아동의 특징을 고려하여 아이들에게 다양하게 제시되는 교육 자료에 대한 아이들의 반응 양식을 민감하고 신중하게 고려해야 한다는 사실에 있다.

아동의 흥미와 필요를 고려함으로써 아동에게 적합하지 못한 내용을 임의적으로 강제하는 전통적 교육 방식을 피할 수 있다. 물론 전통적 방식은 교사가 아동의 이익에 지나치게 관심을 가질 것이 아니라 아동을 성인에게 보다 유용한 존재 또는 단지 성인에게 덜 성가신 존재로 만드는 것을 교사의 과업으로 여겨야 한다는 사고방식으로 해석할 가능성도 분명히 있다.

아동의 흥미를 논함에 있어서 윤리적 의미에서 이익*과 심리적 의미에서 흥미**를 극명하게 구분할 필요가 있다. '흥미'를 대개 진부한 것으로 치부해 버려서 이 둘을 혼동하는 경우도 종종 있다. 목하 관련되는 것은 교육 목적 논의의 원천으로서 심리적 흥미이다. 왜냐하면 아동 존중의 슬로건을 대개 흥미로 해석하기 때문이다. 그럼에도 불구하고 학교에서 가르쳐야 할 것과 아동이 장차 어떻게 변해야 하는가는 부모, 정부, 미래의 고용주 등 타인의 이익이 아니라 아동 자신의 이익에 맞추어져야 한다는 주장은 의심의 여지없이 중요하다.

이 주장은 아동이 장차 사회의 번영에 기여하고, 또한 사회적으로나 도덕적으로 용납된 행동을 하도록 가르치면 안 된다는 뜻이 아니다. 왜냐하면 성인을 포함하여 다른 사회 구성원들도 역시 같은 권리를 가지고 있으며, 아동이 사회적 부랑아가 되는 것은 아동의 이익에 부합하지 않기 때문이다. 아동 자신이 원하는 대로 사회 참여를 할 수 있고, 만약 그렇게 선택할 수 없는 경우 왜 그런지를 이해할 수 있게 해 주는 교육은 분명 이 같은 소극적 의미에 근거하여 정당화되지 않는다. 강압적인 것을 강요하는 체제 순응과 흔히 혼동하는 교육의 덕목인 복종은 반드시 구분할 필요가 있다.

일반적으로 아동의 흥미, 즉 흔히 무엇에 흥미를 느낀다고 할 때 심리적 의미는 무엇이 가치 있는 교육 목적인지를 보여 주지는 못한다. 이 주장을 뒷받침하는 논거로 아동은 종종 온갖 사소하고 바람직

---

* ethical interests: 'what is in one's interests'로 사용되는 의미, 즉 이익이 되는 것.
** psychological interests: 'what one is interested in'으로 사용되는 의미, 즉 재미있는 것. 앞의 64쪽 역주 참조.

하지 못한 데 흥미를 쏟는다는 진부한 지적을 들 수 있다. 파리 날개 뜯기, 진흙파이 만들기 그리고 공원의 유리 조각 세기 등이 이러한 예에 해당한다.

아동이 사소하지만 자신이 흥미를 갖는 일에서 무언가 배울 수 없다면 그 밖의 어떤 활동에도 흥미를 보이지 않을 것이라는 견해가 있을 수 있다. 그러나 이러한 활동을 교육적 활동이라고 할 수 있으려면 그 활동 자체의 특징보다는 그 활동을 통하여 배우는 기능, 세계에 관한 지식, 기본 개념이 그 활동의 내용에 포함되어 있어야 한다. 진흙파이를 그저 만지작거리며 놀고 있는 아이는 진흙파이를 만드는 방법을 배운다기보다는 진흙을 만질 때 느끼는 촉감이나 손놀림, 진흙을 주물럭거리는 조작에 불과한 조야한 경험을 겪고 있을 뿐이다. 이 활동이 교육적으로 정당화될 근거가 있다면 그것은 아동이 그 활동에 흥미를 보인다는 것이 아니라 그것이 하나의 과정이라는 데 있다. 그러나 물론 아동이 느끼는 흥미는 자신이 무엇을 배워야 재미있게 할 수 있는지, 그것을 배우는 효과적 수단이 무엇인지를 알려 주는 유용한 지침을 제공한다.

아마도 아주 어릴 때는 아무것이나 그리고 모든 것이 흥미로운 동시에 가치 있는 학습의 원천이 된다. 그러나 아이가 사람에 따라서 어쩌다가 자신의 주의를 끌게 하는 개연성에 내맡겨 둘 것이 아니라 세심한 지도가 병행되어야 하는 것은 분명하다. 이 같은 세심한 지도는 경제성과 계열성을 고려해야 할 뿐만이 아니라, 아이를 장차 열중하게 할 교육적 잠재 가능성이 있지만 현재 여기에 아무런 흥미도 느끼지 못하고 제대로 이해하지도 못한 활동에 관심을 가질 수 있는 기회를 제공한다.

일정 연령과 특정한 사회적 배경을 가진 특정한 아이들이 일반적으로 어떤 것에 흥미를 갖는가에 관한 지식은 어떤 수업 방식과 어떤 내용을 가르쳐야 하는가, 즉 어떤 프로젝트를 기획하고, 어떤 과제를 내줄 것인가를 결정하는 데 매우 큰 도움이 된다. 아울러 교육 내용의 범위가 일단 확정되고 나면, 아동의 흥미를 고려하는 일은 동기적 측면과 윤리적 측면에서 그 활동을 아이들에게 지속적인 흥미를 가지고 활동에 참여하도록 할 충분한 이유를 제공한다. 비록 열세 살짜리 아이가 포르노에 강한 흥미를 가졌다고 해서 화학과 포르노 중에서 하나를 선택하게 하는 것은 수용할 수 없는 것이지만, 화학과 독일어 중에서 선택하게 하는 것은 아동의 흥미를 근거로 충분히 이루어질 수 있다.

흥미가 모종의 교육 목적 달성을 위한 지침이 된다고 해도, 흥미 그 자체가 교육 목적을 도출하는 원천이 될 수는 없다. 성장이라는 말이 그러했던 것처럼, 흥미라는 말도 아동의 학습을 촉진하는 가장 효과적인 수단에 관심을 가지고 아동에게 주의를 기울이게 한다는 점에서 중요하다. 아동의 흥미 연구도 역시 특정한 아동에게 특정한 시점에 어떤 목적에 관심을 기울여야 하는지를 결정하는 중요한 단서를 제공한다. 그러나 교육 목적은 궁극적으로 흥미와는 다른 고려사항과 근거로부터 도출되고 정당화되지 않으면 안 된다. 다시 말해서, 흥미라는 말은 성장이라는 말과 마찬가지로, 교육 목적에 관한 가치판단의 근거를 제공하지도 못하면서, 가치판단과 관련된 주의를 다른 것으로 돌려놓고 만다.

아동의 필요에 관한 논의 또한 교육정책에 있어서 의사결정이 궁극적으로 객관적인 사실에 근거해야 한다는 논거를 제공한다. 인간이 생존하는 데 음식, 산소, 주거시설이 필요한 것과 마찬가지로, 현대사회에서 아동이 잘 살게 되는 데는 독·서·산 능력과 어느 정도의 직업기술이 필요하다. 또 아동에게 모종의 심리적 필요가 요구된다고 할 수도 있다. 틀림없이 안정감, 애정, 자부심, 안전 등이 없다면 아동의 삶은 불행해지고, 동시에 아동이 어떤 상황에 처하더라도 많은 것을 결코 배울 수 없게 되는 사태가 야기된다. 물론 이러한 필요들이 다른 곳에서 채워질 수 없다면, 학교에서 충족되어야 한다. 그러나 이 필요들은 우리가 가치 있는 것을 성취하기 위한 최소한의 조건이 무엇인가를 알려 주기는 하지만, 우리가 추구해야 할 교육 목적이 무엇인가를 알려 주지는 않는다.

누군가가 무엇을 필요로 한다는 사실 그 자체가 그것을 제공해 주어야 할 충분한 이유가 되는가 하는 문제는 많은 논쟁을 일으킨다. 필요의 논거로 두 가지 사실에 특별히 주목할 필요가 있다. 하나는 누군가가 무엇을 필요로 하는지 여부가 순전히 경험적 문제만은 아니라는 주장이다. 자신이 목적하는 것이 무엇인지 밝히지 않더라도 누가 무엇을 필요로 한다는 말은 보통 그가 목적하는 다른 무엇을 얻거나 하기 위하여 그것을 필요로 한다는 뜻이다(Barry, 1965: 48; White, 1974). 사람은 굶어 죽지 않으려면 당연히 음식을 필요로 하지만, 통상 사람이 굶어 죽도록 내버려 두어서는 안 된다는 가치판단에 관해 논쟁할 필요가 없다.

그러나 한 젊은이가 도둑질해서 남부럽지 않게 살려면 자물쇠를 조작하는 쇠꼬챙이 사용법을 배울 필요가 있고, 타이피스트가 되려면 타자를 배울 필요가 있다는 말도 얼마든지 있을 수 있다. 이 경우 '필요'가 행위의 근거가 되는지 여부는 도둑 또는 타이피스트가 되는 일이 바람직한가 하는 가치판단에 달려 있다. 그러므로 소위 학생들의 필요라고 하는 많은 것들은 실제로 '학생들이' 필요로 하는 것이 결코 아닌 것이다. 타이피스트의 타자 기술을 필요로 하는 사람은 궁극적으로 그녀를 고용하는 고용주이다. 웨이터는 몇 개 국어를 말할 필요가 있다거나, 요리사는 자기 주방을 깨끗이 하는 방법을 알 필요가 있다는 등의 경우에도 마찬가지이다. 결과적으로, '필요'에 근거한, 특히 '직업적 필요'에 근거한 일련의 교육 목적은 실상 아동 중심 교육과는 전혀 무관한 것임에 틀림없다.

필요에 대한 또 다른 논거는 '필요'가 가치판단이라는 부담을 덜어 주기는커녕, 모종의 사회적 및 교육 외적 기준을 논리적으로 가정한다는 점이다(Komisar, 1961: 25). 이 점을 명백하게 보여 주는 경우로 '저 아이는 목욕을 할 필요가 있다'거나 '이 학생은 글씨와 철자법에 좀 더 주의를 기울일 필요가 있다' 또는 '저 젊은이는 어른들과 말할 때 좀 더 공손하게 말할 필요가 있다'는 것을 들 수 있다.

실제로 학생의 필요라고 여겨지는 것을 교육 내용의 지침으로 삼으려는 사람은 진퇴양난에 빠지게 된다. 우선 한편으로 자신이 좁은 의미의 공리주의적 교육 또는 심지어 직업 교육을 옹호하고 있음을 깨닫게 된다. 예컨대, 누구든지 최소한의 계산 능력과 읽고 쓰는 능력 그리고 과학기술의 급격한 변화에 대비하여 어느 경우든지 써먹을 수 있는 직업기술 중 하나를 배울 필요가 있다는 것은 쉽게 수긍할 수 있다. 그러나 그 최소한의 범위를 넘어서는 보다 큰 교육적 열망을

'필요'라는 말을 가지고 정당화하기가 쉽지 않다. 장차 전문 음악가가 될 사람에게 전문 음악 지식이 필요하겠지만, 왜 다른 사람들까지 전문 음악 지식을 배울 필요가 있는지를 납득하기 어려울 것이다.

반면 다른 한편으로 이와 같은 사태를 모면하기 위해서 다음과 같이 말할지도 모른다. 즉, '사회에 완전 참여를 도모하기 위하여' 또는 '완전한 인격을 갖추기 위하여' 학생은 최소한의 생존을 위한 기본 교육만이 아니라, 교육적으로 그리고 문화적으로 전반적인 내용을 획득할 필요가 있다고 말할 수도 있다. 그러나 만약 이런 식으로 치환해 놓더라도 학생들에게 사회의 수많은 활동 중의 어느 것에 참여하도록 준비시켜야 하는지, 여러 활동 중에서 하필 그 활동에 참여해야 하는지에 대한 이유가 무엇인지 답하기 어렵다. 완전한 인격을 갖춘 인간을 만든다는 생각은 자연적 성장이라는 생각에서 제기됐던 문제로 되돌아가 버린다. 인간은 수많은 방향으로 발달할 수 있는 잠재 가능성을 지니고 있기 때문에, 교육 목적 논의는 그중 어떤 방향으로의 발달을 조장하고, 어떤 방향으로의 발달을 억제할 것인지를 결정해야 하는 문제이다.

5
합리적 자율성의 문제점

    많은 교육철학자들은 앞 장에서 논의된 '행복'과 아동 중심 교육 목적이 교육 목적으로 만족스럽지 못하다는 것을 알고 있음에도, 학생의 '자율성'을 발달시켜야 한다는 아동 중심 교육 목적에 큰 의미를 부여한다. 실상 자율성 증진은 종종 교육 활동 전반에 걸쳐 교육이 존재해야 하는 이유인 것처럼 보인다(Crittenden, 1978: 105). 피터스(Peters, 1973c)는 과학과 인문학이 '나는 무엇을 해야 하는가?', '나는 어떻게 살아야 하는가?' 라는 질문에 스스로 답할 수 있게 해 줄 합리적 논거를 제공해 준다는 사실에서 교육의 정당화 근거를 찾고 있다. 화이트(White, 1973: 23- 25)는 객관적 의미에서 내재적 가치를 지닌 활동은 아니더라도 학생들이 자신의 장래 생활을 선택해야 할 경우 필수적으로 요청되는 경험을 제공하는 특정 활동을 공통필수 교육과정*으로 선

---

* compulsory curriculum

정해야 한다고 보았다. 데겐하르트(Degenhardt, 1982: 81－93)는 지식의 가치를 비슷한 논거에서 따졌으며, 조나단(Jonathan, 1983: 6)은 교육 과정이 직업교육 방향에 초점이 맞춰지는 것을 비판하면서, "교육 목적은 젊은이들에게 세계에 대한 이해와 세계 속에서 어떻게 살아야 하는지 심사숙고할 수 있는 선택 능력을 갖추게 하는 데 있다"라고 주장했다.

하지만 디어든(Dearden, 1972d: 448; 1975: 3)은 누구보다도 자율성이 원래 고대 도시국가에서 다른 도시국가의 강요를 당하지 않고 스스로 제정한 법률 아래서 자유롭게 살아가게 한 요인임을 지적한 바 있다. 개인과 관련하여 말하자면, 자율적 인간은 자신의 문제를 자유롭게 선택하고 결정하여 궁극적으로는 자신의 개인적 삶의 과정 전반을 책임질 줄 아는 사람이다. 개인의 자율성은 두 가지 방향에서 위협당할 수 있다. 하나는 타인의 강요와 압력에 의하여 개인의 삶이 그릇된 방향으로 나아가는 것이다. 다른 하나는 내면적 충동과 불합리한 욕구 그리고 의지박약과 같은 오만 가지 내면적 장애로 인하여 스스로의 선택 자체가 왜곡되는 것이다.

자율성 증진은 교육적 맥락에서 여러 가지를 고려하여야 한다. 그러나 개인이 선택한 교육의 종류와 삶의 결정에 대한 외적 제약의 제거라는 한 가지 측면은 반드시 준수되어야 한다. 어떤 과목을 배워야 하는지 학생 스스로 결정하기보다 교사와 교육 관료가 결정하는 교육 운영 체제는 자율성 원리의 측면에 배치된다.

학생이 자유롭게 자기 선택을 하는 데 요구되는 마음과 인격의 특질을 길러 주고자 노력할 때, 학생의 자율성은 명백하게 증진된다. 독립심과 자신감이라는 특질이 자율성의 일부인 것만은 확실하다. 하지만 합당한 선택을 한다는 것은 또 한편으로 세상에 관한 지식과 여기서 파생되는 여러 가능성을 담은 충분한 정보와, 이에 맞춰 여러 가지 가능성 속에서 어떤 판단을 내릴 능력을 갖추고 있음을 가리킨다.

합당한 선택을 내리는 일은 또한 우리가 알거나 믿고 있는 것의 대부분이 타인에게서 얻은 것이어서 이에 대한 비판적 태도를 요구한다. 우리 자신이 행하는 것의 많은 부분이 타인의 지시나 권고에 따른 것이거나 기존 관례에 따라 이루어진 것은 어김없는 사실이다. 그러나 비판적인 사람이 된다는 것은 단지 마음의 태도 문제만이 아니다. 비판적인 사람이 되려면 사실에 관한 지식이 필요함은 물론, 다른 한편으로 여러 주장을 비판하는 방식, 증거의 타당한 기준, 준수해야 할 합리성의 원칙 등을 갖추는 것이 필수적이다.

바로 여기서 논의는 하나의 난점에 봉착한다. 자율적 선택이 합리적 선택이라는 논점은 자율적 선택에 대한 좋은 근거를 마련해 주는 일을 요구한다. 만약 그렇지 않다면, 그 선택은 타인의 압력에 의한 것이거나 내적·외적 강제의 결과로 나타난 타율에 의한 행동이 아니더라도 여러 개 중의 하나를 임의적으로 '골라잡는 것'이 된다. 그러나 만약 어떤 선택이 불가항력적인 근거에 이끌려 내려졌다면, 개별 선택의 자유는 상당히 제한된다. 자율적으로 행동하도록 한다는 교육 목적이 합리적 행동을 한다는 뜻이라 하더라도, 그것은 역설적으로 교묘하게 조종된 형태의 비자율적인 양상을 드러내기도 한다. 상황을 더욱 꼬이게 하는 것은 특정 사회의 합리성이 힘을 지닌 집단의 이익에 의해 영향을 받거나 심지어 그에 따라 결정되기 때문이다.

이 난점은 사회철학, 정치철학 분야에서 흔히 볼 수 있는 난점과 유사하다. 영미 철학에 자유를 단지 제재가 없는 것으로 보는 상식적 견해(Cranston, 1953: 40)가 있다. 이 견해에 의하면 자유롭다는 것은 주어진 상황에서 자신이 원하는 바가 무엇이건 간에 그것을 하지 못하도록 방해받지 말아야 한다는 뜻이다.

자유의 소극적 의미는 정치적 독립에 대한 요구, 무고한 사람의 석방 요구 또는 사회적 명예에 대한 억압의 철회를 요구하는 데 유용한 원리이다. 소극적 자유를 지지하는 이들은 자율적 시민이란 자신의 행위의 의미를 이해하고, 그것이 몰고 올 결과를 예측하고 책임을 지는 성인이어야 하며, 따라서 타인에게도 동등한 자유를 보장하기 위한 경우에는 스스로 제재를 받아야 하는 사람이라고 생각한다.

소극적 자유가 부적합하다는 비판은 개인의 신체적 제약이나 실질적 간섭으로부터 자유로울 뿐만이 아니라, 보다 적극적인 의미에서 자신의 행동을 통제할 수 있을 때 진정으로 자유롭다고 보는 자유의 적극적 개념에서 비롯된다. 소극적 자유의 개념이 지닌 결함은 심리적 강박이나 약물중독에서 헤어나지 못하는 사람들의 경우에 쉽게 찾아볼 수 있다. 또 한편으로 자신이 이해하고 수긍하면서도 실제로는 이를 따르지 않고 정반대로 행동하는 경우가 얼마든지 가능하다는 사실은 오래전부터 인정된 바이다. 사람들은 심지어 외적 강제가 명백하게 없는데도 불구하고 자신의 의지에 따라 낫다고 판단함에도 의식적으로 그것에 반하여 행동하는 경우도 있다.

사람이 현재 욕구하는 바는 순간적 변덕의 결과일 수도 있고, 부지불식간에 타인의 조종과 설득의 결과일 수도 있으며, 감정적 편향과 비합리적 고려에 따른 결과일 수도 있다. 또한 그것은 편견, 무지, 사고 능력의 결여로 생긴 결과일 수도 있다. 이 모든 경우는 우리가 완전하고 온전하게 이해했다면 선택하지 않았을 것을 '자유롭게 선택했다'고 이끌고 가 버린 허위의식* 때문에 적절하게 대처하지 못하고 스스로 기만당한 것이다.

적극적 자유의 개념이 자율성의 개념과 상당히 유사하다는 점을 유추할 수 있다. 합리적 자율성이라는 말을 시종일관 좋게 받아들인 다 하더라도, 적극적 자유를 주장하는 데는 다소 나쁜 측면이 있다. 적극적 자유는 종종 전체주의적 통치에 늘 악용되어 왔다. 정치 분야에서 인민이 실지로 원하는 것과 그들의 '참 의지' 또는 합리적 의지를 구분하여 대중적인 호응을 얻은 사람은 루소(Rousseau, 1762a: 85-87)임에 틀림없다. 루소가 합법적 의회에서 다수결로 통과된 법률에 표기된 인민의 '참 의지'에 인민을 복종하도록 강제한다는 의미에서 '자유로움에 강제한다' **는 언급을 한 것은 불행한 일이다. 그의 언급에서 자유를 '자신이 인정하는 어떤 권위에 자발적으로 복종하는 것'이라고 해석한다면, 루소는 약간의 공헌을 한 것으로 볼 수 있다 (Peters, 1966: 187-188). 그러므로 자유를 이성의 법칙에 복종하는 것 또는 심지어 국가의 율법에 복종하는 것이라고 생각될 수도 있다 (Benn & Peters, 1959: 213). 기독교인은 하나님의 명령에 절대복종하는 것을 완전한 자유라고 말할 것이고, 전체주의자들은 지역주민의

---

* false consciousness

** forcing people to be free

의사에 반하는 경우에도 자신의 군대가 침략한 지역을 '해방한다'*
는 말을 들어서 자유의 의미를 해석할 것이다. 합리적 자율성이 비자
율적인 것이 되어 버리는 것처럼, 적극적 자유 또는 '합리적' 자유라
고 불리는 경우에 자유는 노예 상태로 가는 부당한 결과를 가져온다.

그럼에도 불구하고 교육자들은 분명히 적극적 자유의 개념에 동
조하고 있음에 틀림없다. 만약 무지, 편견, 이데올로기, 사회의 기본
가정의 무비판적 수용 그리고 반성적 사고의 부족으로 사람들이 자
신이 하고자 하는 일을 못하게 되었다면, 바로 이 단점들의 극복이야
말로 교육이 헤쳐 나가야 할 과제이다. 교육자들은 자신의 업무 특성
상 학생들로 하여금 그들이 지금 당장은 하고 싶지 않은 것을 하도록
강요한다. 그렇게 하는 이유는 학생들의 현재의 소극적 자유를 제한
하는 것이 지금 배우고 싶어 하는 유용한 것들을 배우고 난 결과로
누리게 되는 자유나 향상된 자율성이 보상하는 것보다 훨씬 크다
(White, 1973: 22)고 보기 때문이다.

그러므로 적극적 자유, 합리적 자유 또는 자율의 개념이 교육자들
로 하여금, 단지 자신이 보기에 학생에게 가르칠 만한 특정 신념이나
가치, 삶의 방식을 학생에게 강요하지 않으면서도, 학생의 합리성의
신장을 방해하는 요소로부터 그들을 벗어나게 하고, 합리성을 갖추
는 데 요구되는 질적으로 고양된 자유를 증진하는 것을 목적으로 삼
도록 해야 한다는 결론에 도달하게 된다. 원래 자율성의 개념 문제를

---

* liberating: '자유롭게 한다'는 의미이지만, 전체주의자, 공산주의에서는 이 의미를
  개인의 실생활 장면과 관련 없이 '해방'이라는 말로 부당하게 치환한다.

논의함에 있어서 개인의 자유와 밀접하게 관련되는 개념인 독자성*
을 약간 논의해 보는 것이 도움이 될 것이다.

독자성이라는 특질은 사람들의 삶에 전통적인 의미와 목적을 부
여하는 방식의 가치와 기본 가정을 철저하게 거부하는 것을 가리킨
다. 이러한 거부감은 기존의 전통적 가치와 기본 가정이 근거가 없다
는 통찰 또는 통찰이라고 여겨지는 믿음에서부터 비롯된 것이다. 그
대표적인 표현은 아마 니체의 '신은 죽었다'일 것이다. 말하자면, 우
리는 더 이상 인격적인 신을 믿을 수 없으므로, 신의 의지가 더 이상
우리의 행동이나 이상을 실현하려는 노력을 뒷받침하는 충분한 이유
가 될 수 없다는 것이다. 무엇을 해야 할지, 또는 어떻게 살아야 할지
를 결정하는 순간, 그 결정은 우리 자신의 의향에 도로 맡겨지면 된
다. 그 결정에 대하여 우리는 아무에게도 책임지지 않아도 되며, 어
느 누구도 우리의 책임을 대신 져 줄 수가 없다. 니체가 염두에 둔 것
은 우리의 가치 전제의 '초라한' 또는 보잘것없는 기원이라는 것이
기실은 평등, 인간성, 겸손처럼 계몽된 가치라고 알리려고 한 것이
다. 니체의 주장에 따르면, 그러한 가치들의 기원은 전혀 숭고하지도
않은 것이며, 용기 있고 쓸모 있는 세상에 드문 소수의 개인들을 자
신들의 수준으로 끌어내리려는 범속한 다수의 질투심 많고 악의 넘
치는 욕구의 결과일 뿐이다. 그러나 맥락은 조금 다르지만 어떤 학자

---

* authenticity: 원초성, 진본 등으로 번역되는, 실존적 개념이다. 하지만 이 개념은 실
존철학만이 아니라 밀의 자유론을 비롯하여 자유의 의미를 드러내는 데 사용되기
도 한다. 상황에 따라서 원초적 독자성, 실존적 독자성으로 번역할 수 있다.

들은 사회의 기본적 가치와 가정도 역시 계몽된 가치의 기원과 비슷할 정도로 의심스럽다는 것을 상당히 그럴듯하게 주장하고 있다. 오늘날 한 사회의 가치체계뿐만 아니라 지적·문화적 생활 전체가 단지 지배계급의 이익을 반영하며, 그것에 봉사하도록 되어 있다는 생각이 팽배해 있다. 또 어떤 사람들은 순결한 가정생활의 '기독교' 덕목이 단지 여자를 소유물로 생각하는 가부장적 사회의 권력관계를 반영하는 것에 불과하다고 주장한다. 이 모든 주장은 폭로성이 강하며, 그 주장에는 '모든 것의 이면에는 다른 음모가 내재하고, 그 이면은 추구할 만한 것이 아니다'라는 생각이 담겨 있다. 예술에 있어서 '독자성' 개념은, 문학의 주제로서뿐만 아니라 전통적 형식의 거부라는 점에서 대단히 영향력이 있다. 삶에 있어서 '독자성'은 예술에 있어서와 마찬가지로, 무엇이 단지 이미 그렇게 되어 버린 것이라는 이유 하나만으로 단지 그것을 따라 하지 않는 것을 뜻한다. 단지 관례를 따른다는 것은 그릇된 신념에 따라 행동하는 것이며, 사건을 초래하는 데 자신은 아무 영향을 줄 수 없는 것처럼 가장하는 것이며, 결국 자기의 선택에 대한 책임을 포기해 버리는 것이다. '독자성'에 대한 보다 극단적인 해석에 따르면, 사회적 관습이 개인의 선택의 근거로는 부적절할 뿐만이 아니라, 어떤 선택이건 간에 그것이 다른 것보다 압도적이라는 이유 때문에 수용하는 것은 그릇된 신념이라는 것이다.

도덕적 딜레마에 직면했을 때 요구되는 일은 무엇을 할 것인지를 추리 과정을 통하여 '발견하는' 일이 아니라, 해야 할 바를 '결심하는' 일이며, 달리 말하자면 당초 있지도 않은 선험적 의무를 마음속에서 간파해 내는 일이 아니라, '자신의 운명을 창조해 내는 일'이다. 쿠퍼(Cooper, 1983: 8-12)가 논증한 것처럼, 도덕적 딜레마에 직면하는 일은 자기의 '진정한 자아' 또는 단지 일시적 변덕에 따라 행동하는 것이 아니다. 왜냐하면 독자성을 추구한다고 자처하는 많은 사람들조차도 두 가지 시도 중 어느 하나를 따르고 싶은 유혹을 받고있으며, 더욱이 두 가지가 모두 참다운 원천적 독자성을 지닌 의사결정으로부터 비껴나 있기 때문이다.

말할 필요도 없이, 앞에서 묘사된 독자성의 원천적 가치를 받아들이는 사람은 누구나 어떤 활동이 다른 활동보다 가치 있다는 것을 단적으로 보여 주기 위한 '합리적 논의'를 토대로 하는 교육 프로그램에 부정적일 수밖에 없다. 더욱이 이들은 어떤 형태의 교육을 통하여 사람들에게 한 가지 행동 양식이나 삶의 방식을 다른 것에 우선하여 선택할 합리적 근거와 절차를 제공함으로써 사람들을 자율적 인간으로 만든다는 주장에 대해서는 두말할 것 없이 부정적일 것이다.

이러한 거부감은 1970년대 급진적인 교육 관련 저술 속에 많이 깔려 있다. 여기에는 일리치(Illich, 1971)를 비롯한 탈학교론자의 글뿐만이 아니라, 홀트(Holt, 1977)와 베라이터(Bereiter, 1973) 같은 저술가들, 또 크리텐던(Crittenden, 1978: 108-116)이 논평한 자유학교 주창자들의 글도 포함된다. 이들은 의무 취학 학교의 강제적인 측면뿐만 아니라, 아무리 '합리적으로 정당화'된 것처럼 보일지라도 이미 설정된 교육과정상 명기된 교육 목적을 실행하려는 모든 시도를 공격하고자 한다.

합리적 자율성의 경우와는 대조적으로, '독자성'이라는 생각은 쿠퍼(Cooper, 1983)와 보넷(Bonnett, 1986)을 제외한 교육철학자들로부터 가차 없는 비판을 받아 왔다. 디어든(Dearden, 1972d: 457)은 '기준 없는 선택'이라는 말 자체가 모순을 내포하고 있다고 하여 일축해 버렸다. 크리텐던(Crittenden, 1978: 108-116)은 실존적 독자성을 극단적으로 요구하는 데 따른 자가당착적 본질에 주목했다. 그는 만약 모든 덕목이 초라하고, 창피하고, 부당하다면, 왜 '독자성'이라는 덕목만 유독 인정할 만한 가치를 지녔다고 이해해야 하는지 수긍하기 어렵다고 주장한다. '독자성' 개념을 비판하는 사람들은 또한 그 특징을 밝히려는 많은 노력들이 선명하게 드러나지 못함을 지적한다. 이 개념이 논리 정연하게 수긍할 수 있는 것이 아님을 보여 주는 충분한 징표라는 것이다. 그리고 보넷(Bonnett, 1986: 123)의 '존재에 대한 직접 관계', '사물 그 자체에 대한 개방성'(1986: 124), 그리고 '사물과 관계 맺는 원칙에 입각한 방법의 필연적인 안정된 특질'(1986: 124)이라는 말*이 무엇을 가리키는지 확실하게 파악할 수가 없다. 그러나 철학자들이 이 개념을 일관성 있게 설명하는 데 실패했음에도 불구하고, 수많은 평범한 독자들과 극장 관객들이 쉽게 이해할 수 있는 독자성이라는 덕목을 예시하는 실존적 문학 작품들이 많이 있다. 사르트르의 위고**, 아눌의 안티곤*** 그리고 볼트의 토머스 모어 경****은 그

---

* 존재에 대한 직접 관계(direct relationship to Being), 사물 그 자체에 대한 개방성(openness to things in themselves), 사물과 관계 맺는 원칙에 입각한 방법의 필연적인 안정된 특질(necessary levelled off quality of a principled way of relating to things.

** Hugo: 사르트르의 작품 〈Les Mains Sales〉에 나오는 주인공.

*** Anouilh의 Antigone.

러한 많은 작품 중에서 실존적 독자성을 보여 주는 명백한 예가 될 것이다.

첫 번째 인물 위고는 단지 질투심과 충동의 결과로 자신이 정치적 암살을 했다는 합리화보다는 아예 자신의 혁명 동지로부터 숙청당하는 길을 택하고 말았다. 두 번째 인물 안티곤은 정치적 이익 때문에 오빠의 시체를 길거리에 방치해 두는 정치적 계산을 포기하고 오히려 자신이 생매장당하는 길을 택했고, 세 번째 인물 토머스 모어 경은 헨리 8세와 앤 볼린과의 결혼에 동의하기보다는 교수형의 길을 택하였다. 이 세 인물은 합리적인 사리 분별, 상식 그리고 심지어 자기 주변 사람들을 향한 인간애를 지니고 있음에도, 그와 같은 행동을 한 것으로 묘사되어 있다. 그 기준이 무엇이건 간에, 그들은 합리적 기준을 따르면서도 그것과 다른 유별난 행동을 보여 주었을지도 모른다. 하지만 독자들은 그들이 선택한 일련의 행동 양식에 공감한다.

중요한 것은, '독자적 판단을 내린' 세 주인공에 대한 독자들의 반응은 도덕적 승인이 아니라, 사실상 모두 도덕적 근거에서 보면 비난의 대상이 될 수도 있지만, 그들에게 찬사를 보냈다는 점이다. 달리 행동했더라면 확실히 도덕적으로 나쁜 것은 아니지만 그들은 약간 멸시당하고 실망을 안겨 주었을지도 모른다. 즉, 무언가 가치 있는 것을 잃었을 것이다. 그러나 물론 그들은 찬사를 받기 '위해서' 그렇게 행동한 것이 아니다. 만약 그랬더라면 그들의 행동은 그릇된 신념에 따라 짜 맞춘 행동이 되었을 것이다.

**** Bolt의 작품 〈A Man for All Seasons〉에 나오는 주인공.

그 주인공들은 자기 행동을 정당화하기 위한 어떤 원리에도 호소하지 않으며, 만약 그들의 행동에 어떤 이유가 있다 해도 그것은 더이상 검증의 대상이 아닐 뿐만 아니라 그러한 검증을 기대하지도 않을 것이다. 그들의 행동이 '기준 없는 선택'을 한 것이라고 말할 수있을 뿐이지, 기준 없는 선택이라 해서 이를 근거로 또 다른 행동이역시 가능했던 것처럼 말하는 것은 가치의 세계와 가치판단을 철저하게 단순화하여 파악한 결과를 초래한다.

　만약 모든 영역의 인간 행위가 일련의 찬반 이유와 연결되어 그 각각의 행위의 바람직함 여부를 판단할 수 있다면, 그것은 매우 좋은 일이다. 우리는 아마 서로 다른 행동을 지지하는 이유가 상호 대립하여한 치의 오차도 없이 정확하게 균형을 이루는 것처럼 보일 때 이 둘보다는 '더 높은 기준'에 비추어 볼 수 있고, 그 다음에 또 다른 형태의최고선에 다시 비추어 볼 수 있는 일종의 도덕적 피라미드 형상*을상상해 볼 수 있다. 만약 도덕의 세계가 이처럼 깔끔하게 정렬되어있다면, 선택이라는 것은 실상 올바른 해답이 나올 때까지 인내심을가지고 추리하는 일일뿐이다. 이러한 세상에서는 일체의 번민도 없을 것이고, 합리적인 사람들끼리 서로 견해의 차이나 도덕적 갈등도일으키지 않을 것이며, 이로 말미암아 야기되는 어떤 비극도 전혀 없을 것이다.

　세상이 이처럼 단순하다면 좋겠지만 세상은 그렇지가 않다. 특정제도 안에서, 특정한 활동 수행에는 행동 선택을 위한 분명하고 명백

---

* a form of moral pyramid

한 근거가 있다. 위험 부담이 동일한 경우, 10%의 수익 또는 12%의 수익에 투자할 것인가를 선택해야 하는 사업가에게 의사결정의 논거가 부족한 것이 아니다. 일개 분대의 손실을 감수할 것인가 중대 전체의 손실을 감수할 것인가를 선택해야 하는 군 지휘관의 경우도 자기 자신이 해당 분대와 중대 구성원들이 구체적으로 누구인지 전혀 모르는 한 사정은 마찬가지이다. 그러나 분대원 중에 친한 친구의 아들이 속해 있다고 한다면 어떻겠는가? 직업적으로 말하자면, 군 지휘관으로서 그가 처해 있는 상황은 조금도 달라지지 않는다. 결정의 기준은 당연히 입게 될 병력 손실의 규모에 달려 있다. 이 상황에 직면한 많은 사람들은 틀림없이 직업적 역할의 범위를 넘어서는 고려를 단호하게 거부함으로써 이 딜레마를 해결해야 한다고 할 것이다. 그러나 바로 그 점이 그릇된 신념을 구성하는 요소가 된다. 즉, 어떤 한 가지 행위 기준만 고려하고, 다른 여타 이유들은 철저히 배제해야 한다는 방식으로 상황을 규정하려는 생각은 그릇된 신념을 만들어 낸다.

지휘관은 '나는 군인이다. 따라서 그 분대를 희생시키는 것 이외에 다른 선택의 여지가 없다'고 생각할 것이다. 그러나 그는 이렇게 생각할 수도 있다. '나는 그의 친구이다. 내가 막아 줄 수도 있는데 어떻게 그의 아들을 죽게 내버려 둘 수 있겠는가?' 결국 그는 스스로 우정을 위해서 군인의 임무를 저버리거나, 군인의 임무를 위해서 우정을 저버리는 친구가 될 수밖에 없다. 지금까지 그의 행동을 규율해 왔고, 자신의 정체성의 근거를 오랫동안 제공해 준 중요한 두 가지 가치가 갈등을 일으키고 있어서 그중 하나를 포기하지 않으면 안 된다. 그는 언필칭 자신의 미래를 창조해야 한다. 왜냐하면 지금부터 그는 자신을 앞에 언급한 두 가지 종류의 인간 중 어느 하나로 보지 않으면 안 되기 때문이다. 그에게 둘 중 어느 한쪽을 택할 수 있게 해 주는 논쟁의 여지가 전혀 없는 깔끔한 기준은 없다.

만약 모든 이들이 다 자신의 개인 사정을 우선적으로 고려할 때 초래할 혼란스러운 결과, 예컨대 '그렇게 되면 군대가 제 기능을 발휘하지 못할 것이다'를 생각한다면 군인은 마땅히 자신의 임무를 수행해야 한다는 점에서 실존적 선택을 부정하는 비판이 있을 수 있다. 그러나 마찬가지로 개인적 우정이 그렇게 소홀히 취급된다면 전투에 이기는 것도 역시 별 의미가 없을 것이라는 또 다른 비판이 따를 수도 있다.

논의가 진행되어 감에 따라 점점 더 일반 원리에 호소하게 되고, 사안은 개인이 해결해야 할 현실 문제로부터 점점 더 멀어진다는 사실을 알게 된다. 현실 세계에서 실제로 심각한 결정을 해야 할 문제가 있는데도 이와 같은 논의가 너무 오랫동안 계속된다면, 논의 자체가 점점 심오해지는 것이 아니라 점점 무익해질 위험에 처한다. 개인이라면 누구나 어느 한쪽을 결정하지 않으면 안 된다. 게다가 가능한 모든 반론들을 다 논박할 수도 없다. 어떤 결정도 못하는 마비 상태에 빠지지 않으려면 완벽하고 타당하게 보이는 반론 중에서 어떤 것은 무시해 버릴 수밖에 없다. 죄를 지었다는 비합리적 감정인 죄의식이 아니라 실정법을 어긴 죄를 저질렀다면 그것은 응당 처벌받아야 한다.

이러한 사례는 상당히 극적인 도덕적 딜레마의 하나임에 틀림없으며, 한편으로 그것은 교실 상황과 상당히 동떨어진 것이 분명하다. 그럼에도 학생들이 자신의 삶과 관련하여 어떤 교육을 받아야 하는가의 결정은 이미 계획된 교육과정 기준에 의한 선택 사안의 경중을 따지는 일에 있다기보다는 어떻게 전개될지 모르는 미래에 대하여 스스로 결정해야 하는 성질을 지니고 있다.

교과 선택과 어떤 교육과정을 선택해야 하는가는 학생이 장차 어떤 사람이 될 것인지를 결정하는 중요한 요인이다. 보상이 따르는 직업 교육과정의 매력, 당장의 좋은 취업 전망, 비직업적인 교과를 상당 기간 공부하는 데 따르는 난관과 성취감은 상호 통약 불가능한 것으로서, 각각이 지니는 상대적 이점을 계산할 수가 없다.

이러한 사실을 일례로 드는 이유는 인간 선택의 본질에 관한 다소 다른 논점을 강조하기 위한 것이다. '기준 없는 선택'의 아이디어가 결국 분별없는 골라잡기*에 불과하다고 폄하하는 합리적 자율성 주창자들은 진지한 선택에는 다음 두 가지 가능성밖에 없다고 가정한다.

(1) 늘 합리적이고 객관적으로 확인된 기준과 원리에 근거하여 결함 없는 특정한 추론 과정을 거친 방식에 따라 수행되는 행동
(2) 일시적 기분이나 변덕 또는 운수에 따라 하는 무책임하고 맹목적인 행동

하지만 진지한 선택에 이 두 가지 가능성만 있는 것은 분명히 아

---

* mindless plumping

니다. 만약 여태까지 예증했던 기준 없는 선택이 실제로 존재한다는 것을 인정한다면, 그 선택이 무책임한 골라잡기나 변덕의 경우와 전혀 다른 맥락에서 이루어진다는 것을 알 수 있다. 그러한 결정은 흔히 고뇌에 찬 반성과 토론의 결과일 수 있으며, 엄격하고 철저한 사색의 과정과 여러 가지 가능한 선택지에 함축된 의미를 끝까지 따져 본 결과일 수도 있다.

그러한 과정의 결과로 행위자는 자신이 따라야 할 행위 방식에 대한 명백하고 자신감 넘치는 확신을 가지게 되고, 그 확신에 따라 인격과 이해 능력에 있어서 이전보다 성숙해진다는 점 또한 매우 중요한 논점일 것이다. 이 사안을 둘러싼 오해는 중요한 구분을 하지 못하는 두 가지 사태에서 비롯된다.

하나는 어떤 행위를 할 것인가 말 것인가에 대한 이유가 있다는 생각과 그 문제를 해결하는 데 있어서 대립되는 모든 고려 사항을 하찮은 것으로 만들어 버리는 압도적인 기준이나 규칙이 있어서 그것을 찾아낼 수 있다는 생각을 혼동하는 것이다. 여기서 후자의 가능성을 부정하는 것은 전자의 중요성과 타당성을 부정하는 것이 아니다. 앞의 예에서 군 지휘관이 자신의 딜레마를 해소하기 위하여 더 이상 고심해 보지도 않고 군인의 임무와 우정 중 하나에 의지해 버리는 것은 정당화될 수 없겠지만, 관련된 모든 고려 사항을 진지하게 재검토해 본다면 그가 옳은 판단에 도달할 수도 있다. 관련된 고려 사항에는 공평무사함과 군기강의 중요성 그리고 이 문제에 관한 자신의 과거 행적, 친구와 친구 아들에 대한 애정, 두 가정을 묶는 감사와 상호 연대감 등이 포함될 것이다. 바른 신념을 수반한 책임 있는 의사결정은 두부모 자르듯이 결단을 내릴 수는 없을지라도 모든 선택지들을 행위자의 입장에서 하나하나 따져 보는 것을 요구한다. 행위자는 실제로, 또는 가상적인 상황에서 누군가와 흉금을 털어놓고 대화할 수는 있겠지만, 결국에 가서는 카뮈의 『페스트』에 나오는 판사처럼, 아무도 그를 도와줄 수가 없으며, 결국 자기 스스로 결정해야 한다.

다른 하나는 모든 인간이 합리적으로 수긍해야만 하는 이유와 개인이 지닌 특별한 재능, 성격, 의무, 과거의 이력 등을 고려한 특정인이 합리적으로 수긍할 수 있는 이유를 혼동하는 것이다. 모든 이유가 다 첫 번째 범주에 속한다고 생각하는 것은 행위자의 삶에 대한 의사결정 속에 그 자신만의 주관적인 요소가 있다는 사실을 깨닫지 못하는 것이다. 사르트르의 진부한 예를 다시 들자면, 조국해방전쟁이 벌어지고 있는데 홀로 된 노모를 보살피기 위해서 참전하지 않고 집에 남는다는 것을 어떤 사람의 경우에는 도저히 수용할 수 없지만, 또 다른 사람의 경우에는 쉽게 수용할 수 있는 문제이다. 두 사람 모두 편향된 신념을 가지고 그릇된 판단을 하지 않았다면, 어느 한쪽의 결론에 도달하기까지 한동안 어떻게 해야 할지 상당한 고민을 했을 것이다. 만약 어떤 사람이 모험적인 삶과 행동에 함몰되어 있어서 아마존 탐험대에 참가할 절호의 기회를 단념할 것이라고는 생각하기 어렵다면, 가장 가치 있는 활동은 그 본질상 지력을 구사하는 인지적 활동이라는 피터스의 주장(Peters, 1966, 5장)이 그 사람에게 잘 먹히지 않을 것이다. 심지어 그 사람이 아마존 탐험의 결함을 찾아낼 만한 인지적 능력이 없는 경우에 누군가가 그에게 그 탐험을 반박할 근거를 제공한다고 해도, 그것은 여전히 '그 자신에게' 좋은 이유를 제공하지 못할 것이다.

선택과 의사결정 속에 포함된 주관적 요소를 '변덕', '감정에 치우친 것' 또는 언필칭 '비합리적인 것'이라고 여기며 무시해 버리기 쉽다. 아니면 반대로 개인의 주관적 기질과 성격이 합리적 의사결정을 내릴 때 고려되어야 할 요소라고 말함으로써 실존적 아이디어에 섣불리 동화시키려 하기 쉽다. 그러나 이 두 가지 방식은 모두 타당한 것이 아니다. 앞서 살펴본 것처럼 '그러한 것이 내 본성'이라는 주장은 다른 것들과 마찬가지로 의사결정의 최종 기준이 되지 못한다. 게다가 원천적으로 개인의 주관적 부분이 경우에 따라서 일시적 기분에 의해서 영향을 받는 것이 아니라 이성에 의해 좌우된다는 점을 쉽게 확인할 수 있지만, 이 논점 역시 행동을 절대적으로 또는 결정적으로 구속하는 것은 아니다.

이 장에서 인간의 자유에 관한 두 가지 개념을 살펴보았다. 처음부터 두 가지 개념 모두 만족스러워 보이지 않았다. 한편으로, '합리적 자율성'을 증진한다는 교육 목적은 교육이 강제적인 것이 될 잠재 가능성을 지니고 있다. 또한 지적으로 이해하려고 한다면 '독자성'은 불안정하고 변덕스러운 것이며, 한편으로 그것은 이성과 지력이 인간 행위에 기여하는 역할을 과소평가할 수도 있다. 논의를 통하여 온전하게 이해하고자 한다면, 목하 문제는 두 개의 대립되고 상호 배타적인 가치가 아니라, 오히려 단일한 속성에 두 가지 측면이 공존한다는 점을 확인할 수 있다. 이 사실을 깨닫지 못하는 것은 인간이 추구하는 가치와 이를 위해 행하는 선택의 세계를 지나치게 단순화한 견해에서 비롯된 것이다.

만약 자율성과 독자성이라는 특성이 교육 목적이 되어야 한다면, 세계와 인간에 대한 지식과 가치에 대한 지식이 우리의 선택 행위에 적합한 것이어야만 한다. 여러 가지 주장과 논의 절차에 의거하여 비판하는 타당한 과정과 절차도 우리의 선택 행위에 적합한 것이어야 한다. 그러나 만약 이에 관한 가능한 모든 참 명제와 모든 타당한 논의가 요구하는 보편적 합의를 도출할 특단의 대책이 마련되지 않는다면, 한 개인이 합리적으로 행동하는 방식에는 달리 설명하기 어려운 측면이 남아 있을 수밖에 없다. 이것이 가능하기 위해서 도덕적 추론을 새롭게 해야 한다는 것이 아니다. 철학자들은 오래전부터 도덕적 판단이 전적으로 주관적인 것은 결코 아니지만, 그렇다고 절대적인 판단 근거가 있을 수 없다는 것도 알고 있었다. 그렇기는 해도 아널드(Arnold, 1869, 1장)가 지적한 바와 같이, 교육 목적 논의는 논박할 수 없는 진리로 여기는 유일한 교리에 비추어서 '없어서는 안 될 한 가지 일'을 추구하는 헤브라이즘보다는 이성이 여러 가지 사안을 자유롭게 고려하는 헬레니즘에 더 가깝다.

6
교육과 일

교사는 학생 자신들이 필요로 하는 직업에 종사하도록 교육시키지 않았다는 점 때문에 비판을 받아 왔다(Callaghan, 1976). 부모는 자녀가 받는 교육을 통해 졸업 후 좋은 직업을 얻을 것을 기대하고, 고용주는 학교의 '생산품'이 자신의 사업 경영에 도움이 되는 유익한 기술과 능력을 지닐 것으로 기대한다.

정부, 왕립 장학관, 인력관리위원회 및 여러 고용 단체들이 내놓는 무수히 많은 문서를 통하여 우수한 인력 양성이 정부의 교육 '투자'를 정당화하는 명백한 근거가 된다는 것을 확인할 수 있다. 인력 양성을 제외한 교육 목적은 명목상 체면치레로 전락하여(Bailey, 1984: 170-172) 점점 더 요식행위가 되고 있다.

제2장에서 제시했던 것처럼, '교육'과 '훈련'의 개념 분석만으로 학교교육의 주된 목적이 아동을 훌륭한 인력으로 양성하는 것인가 하는 실제적 문제에 답을 줄 수 있는 것은 아니다. 그럼에도 한편으

로 특정한 기술과 업무의 효율적 수행을 겨냥하여 실제적 결과를 도출할 신뢰롭고 효율적 성취를 겨냥하는 실습과 다른 한편으로 학습상 요구되는 훈련을 구분하는 것은 도움이 된다. 물론 훈련에는 신체 동작 기술뿐만이 아니라 실질적으로 인지적 요소가 근본적으로 작용한다. 그러나 이 인지적 요인은 세계와 삶의 본질에 대한 보다 일반적인 통찰의 증진에 관련된 것이라기보다는, 훈련받은 개인이 주어진 과제나 작업을 능숙하게 수행하는 데 맞추어져 있다. 또한 훈련은 지식과 기술뿐만 아니라 일을 대하는 태도와 반응이 완숙해지도록 가르치는 것을 포함한다. '훈련'이라는 용법에는 훈련받는 활동이나 목적에 관한 긍정적이거나 부정적인 도덕 판단이 포함되어 있지 않다. 음악가와 회계사의 훈련과 마찬가지로 암살자와 테러리스트의 훈련도 가능하다. 유용한 기술 습득이 일차적으로 중요하지만, 그것은 어디까지나 다른 가치를 훼손하거나 다른 기회를 상실하지 않는 조건에서 수긍할 수 있는 것이다.

이러한 점에 비추어 볼 때, 아이들을 훈련시켜서 훌륭한 인력으로 키워 내도록 준비하는 일에 교육의 어떤 역할이 마땅한 것인지에 관한 여러 가지 입장이 있다.

엘리트주의: 교육과 일의 분리

한쪽 극단에서 단지 일이라는 것이 학생의 장래 생활에 별로 중요하지 않다는 이유에서 교육을 일에 대한 준비라는 생각이 개입할 여지가 전혀 없는 전통적인 엘리트주의 교육관을 생각할 수 있다. 교육이 삶에 대한 준비라면, 그것은 교양 있는 여가 생활을 위한 준비였다. 만약 그 학생들이 특정한 사회적 기능을 수행해야 한다면, 그것은 정부가 수행하는 기능이거나 교육과 무관한 사회적 사안이다. 이러한 입장은 신체 기능은 말할 것도 없고 인력 양성에 관한 구체적인 관리 차원이 아닌 인력 양성 자체를 떠난 관점이다.

확실한 것은 실업 상태에서 놀고먹는 경우가 아니라면, 특권층이 다니는 학교의 아이들이라 하더라도 졸업 후 마냥 여가를 즐기면서 살아갈 것이라고 생각하지는 않을 것이다. 그러나 직업을 얻기 위한 준비인 직업교육과 다소 다른 의미의 삶을 준비하거나 직업적 측면을 배제한 삶을 준비하는 교육을 뜻하는 '자유' 교육 간의 구분은 지금까지 이어지고 있다. '자유교육'*이라는 말은 현대사회에서 사람들이 자유교육을 다양하게 받아들이는 만큼 애매모호한 측면이 있다. 그럼에도 자유교육은 생계를 위하여 특정한 고용주에게 얽매일 필요가 없는 새로운 의미의 '자유인', 즉 얽매여서 생계비를 벌어야

---

* liberal education: 대개 '자유교육'으로 번역한다. 경우에 따라서 '교양교육', '일반교육'으로 번역하기도 한다. 당초 이 개념은 고대 희랍의 '자유인(free man)을 위한 교육'을 지칭하는 것으로서, 자유인들이 노동에 종사하지 않는 점에서 직업적 필요나 당장의 생존적 필요, 그리고 사회의 공리적 요구를 벗어난 교육이라는 의미를 지닌다. 이것이 자유교육의 역사적·계층적 의미이다. 또한 자유인을 위한 교육은 원리상 자유인의 마음을 자유롭게 기능하도록 한다는 뜻을 지닌다. 이것이 자유교육의 원리상 의미이다. 그러나 자유교육의 내용이 시대적인 상황에 따라 변화하여 대학의 전문교육(profession)을 받기 위한 전 단계 교육을 가리키기도 한다. 이때 교양교육이라는 말이 적합하다. 이것이 자유교육의 프로그램 상 의미이다. 저자가 이어지는 논의에서 자유교육이 애매성을 지니고 있다고 한 것은 이러한 여러 의미가 현대사회에 혼재된 채 사용되기 때문이다.

할 필요가 없는 사람에게 적합한 교육으로 간주된다. 그러나 근년에 와서 베일리(Bailey, 1984)가 명명하듯이 개인이 '현재의 특정 상황에 전전긍긍하는'* 편협한 관점에서 벗어나게 하여 자신의 가치와 삶의 방식에 대한 선택자로서의 지위를 강화해 주는 교육의 해방** 효과가 강조되고 있다.

동기 유발 요인으로서 직업

자유교육의 이러한 해석조차 현재 학교에 다니고 있는 대부분의 학생들에게는 시대에 뒤떨어진 부적합한 관점으로 보인다. 자유교육이 여전히 지니고 있는 역사적 요인과 자의적 의미 때문에, 개인을 자유롭게 한다는 원리상 해석은 역시 엘리트주의이거나 유한계급에 적합한 것이라는 비판이 있다. 가장 가치 있는 활동의 선택 문제는, 요컨대 먹고사는 문제가 이미 해결된 사람과 여가 시간을 최대한으

---

* the present and the particular: 앞서 소개한 당장의 현실적·공리적 필요를 떠났다는 의미를 지칭하는 표현으로 그의 책명이 *Beyond the Present and the Particular*이다.

** liberating: 여기서는 앞서 역자가 지적한 두 번째 의미인 자유교육의 원리상 의미를 가리킨다. 이처럼 이 말은 'liberal'에서 파생한 말이지만, 경우에 따라 자유의 의미보다는 자본주의 체제를 비판하는 좌파 이데올로기적 의미로 사용된다. '자유'가 속박에서 벗어나야 하는 것은 어김없는 사실이지만, 이 의미가 자유시장 경제체제를 부정하는 의미로 전용될 때, 주로 '해방'이라는 표현을 사용한다. 다음 절의 논의 참조.

로 활용하는 것이 삶의 주된 문제가 되는 사람만이 관심을 가질 만한 과제이다.

최근에 이르기까지 자유교육의 전형적인 교육 내용으로 간주되어 온 대부분의 교과가 상당한 정도 직업적 관련을 지니고 있다. 교육 내용을 단지 '즐기는 것이 직업'(Dewey, 1916: 312)인 유한계급을 위한 것이 아니라, 고전에 대한 지식과 원전을 다루는 언어 능력이 핵심 역량을 요구하는 전문적인 법률가와 성직자를 위한 내용이었기 때문이다. 마치 검치 호랑이가 멸종된 상태에서 곰들의 습격이 심각한데도 여전히 검치 호랑이 퇴치 기술을 가르치고 있는 부족의 경우처럼 이러한 내용을 계속 공부한다는 것은 단지 시대 변화에 적응하지 못한 실패를 나타낼 뿐이다(Benjamin, 1939).

사어(死語)와 고전 공부에 몰두하는 것은 확실히 이러한 비판을 면하기 어렵다. 중등 모던스쿨과 심지어 문법학교*의 교육과정 속에 혼재되어 버린 희석된 형태의 자유교육이 합리성이나 내재적 가치를 지닌 활동에 헌신하도록 하는 데 거의 기여하지 못한 것 또한 사실이다. 심지어 성공적인 문법학교에서조차 라틴어 동사, 서정시 그리고 셰익스피어의 비극 같은 과목들은 명문 대학을 졸업하면 가장 유리한 직업을 얻을 수 있을 것이라는 전망에서 그 명문 대학에 입학하기 위하여 기를 쓰고 공부하는 방편으로 전락하였을 뿐이다. 반면 명문

---

* 모던스쿨(modern school)은 전형적인 인문교육 기관인 문법학교(grammar school)의 단점을 극복하기 위하여 설립한 학교이다. 하지만 그 성과가 미미하여 영국의 노동당 정부는 우리의 평준화된 학교에 해당하는 종합학교(comprehensive school)를 설립하였다.

대학 입학에 성공하지 못한 학교에서 하는 이른바 '중산층 교육' 내용은 흔히 학생에게도, 교사에게도 별반 의미를 갖지 못하는 방치된 교육 내용이 되어 버렸다.

이러한 비판에 따라 20세기 초 진보주의 교육자들은 현대사회의 필요 충족을 위하여, 그리고 대다수 학생의 이익 증진을 위하여 교육이 보다 실용적이고 문제해결 중심으로 되어야 하며(Kilpatrick, 1951: 248-262), 무기력한 아이디어를 배제해야 한다(Whitehead, 1929)는 견해를 피력한 바 있다. 적어도 상당수의 아동에 대해서 교육은 '실제적'이고 '현실적'인 것을 목표로 해야 한다(Ministry of Education, 1963: 32).

그러나 중요한 것은 이러한 진보적 가치관으로부터 학생을 일터에서 고용주가 요구하는 인력 양성에 보다 적합하도록 학교가 기여해야한다는 현실적인 필요를 세심하게 구분해 내는 일이다. 정부 간행물과 '능력을 위한 교육'이라는 현대적 관념에 대한 지지자들(Burgess, 1986)은 모두 금세기 초 진보주의자들과 마찬가지로 실천보다는 지식과 이해에 바탕을 둔 자유교육을 비판할 때 동원했던 수사를 다시 사용했다(Bailey, 1984: 187-188). 초기의 저술가들(예컨대, Vaizey, 1962)은 역시 경제적으로 나쁜 영향을 가져오는 교육 형태는 시대에 뒤떨어진 것이라고 보는 경향이 있으며, 직업적 관심을 포함하는 새로운 관심을 통하여 그동안 교육의 혜택을 받지 못한 채 방치해 놓을 수밖에 없었던 젊은이들을 교육에 끌어들여야 한다고 생각했다. 그러나 그들의 주된 관심은 여전히 학생들이 자기 자신과 자신을 둘러싼 세계에 대한 이해를 길러 주는 개인 중심적이고 도덕적으로 나무랄 데 없는 교육에 있었다.

듀이(Dewey, 1916: 309)의 말로 하면, 교육 목적은 무엇을 '위한' 교육이 아니라, 실제적인 일을 '통한' 교육에 있다. 따라서 직업적 적합성은 '정보와 아이디어를 조직하고, 지식과 지적 성장을 조직하는 하나의 원리'가 된다. 듀이가 기대한 바와 같이, 이러한 교육은 관련 정보 접근의 동기뿐만 아니라 정보 보유의 이유까지 제공할 것이다. 그 본래 목적은 "학교를 산업에 종속시키는 것이 아니라, 산업 요소를 활용하여 학교생활을 보다 활기차게 하고, 또 학교 밖의 경험을 보다 긴밀하게 관련시키는 데 있다"(Dewey, 1916: 316). 듀이는 스스로 '직업교육'과 장래의 특정한 일에 대한 기술 능력을 확보하기 위한 수단으로서 교육인 '취직을 위한 교육'*을 명백하게 구분하였다. 그는 뛰어난 통찰력을 가지고 후자와 같은 교육의 위험을 예견했다. 그 위험이란 이러한 형태의 교육이 사회의 계층을 '경직된 형태'** 로 영속시킬 것이고, "그 계층 구분이 사회적 예정설이라는 봉건적 독단에 기초함으로써 사람들이 현재의 경제 조건에서 임금 노동자로 영속적으로 남아 있을 수밖에 없다는 생각을 스스로 갖게 할 것" (Dewey, 1916: 316)이라고 하였다.

---

* trade education. 여기서 듀이의 관점은 'trade education'은 수단적 의미를 갖는 개념으로, 직업교육(vocational education)은 보다 일반적이고 포괄적인 의미를 갖는 개념으로 본 것이다.
** a hardened form

체제 순응적 학교교육

소위 '탈학교론자들'과 그 밖의 급진적 교육론자들(Illich, 1971; Bowles & Gintis, 1976; Althusser, 1972; 특히 Wringe, 1984: 33-42 참조)에 따르면, 학교와 유사 교육기관에서 이루어지는 것은 일하는 삶을 위한 준비라는 아이디어가 통상 소박하게 이해될 수 있는 것은 아니지만, 학생들을 일하는 삶에 적용하도록 하는 것임에 틀림없다. 이들이 보기에 자유교육이 사람들로 하여금 삶을 자율적으로 선택하도록 준비하게 한다는 것은 가소로운 생각이다. 왜냐하면 대부분의 사람들에게 그러한 선택의 여지가 주어지지 않기 때문이다. 교육이 학생들로 하여금 보다 생산적인 고용인이 되도록 하여 경제적으로 잘사는데 필요한 전문 기술과 자격을 갖추게 하는 데 관계된다는 견해도 탈학교론자들이 보기에 마찬가지로 의심스러운 것이다. 거꾸로 그들은 학교교육의 효과가 능력과 재능을 창출하는 것이 아니라 실패와 사기 저하만을 안겨 준다고 본다. 수학, 물리학, 외국어처럼 학습하기 어려운 교과목에서 볼 수 있는 성취 기준과 교수방법은 대부분의 학생들이 아무리 노력해도 성취하기 어렵고, 배울 만한 가치도 별반 없는 것들이다. 학교교육을 통하여 학생들이 겪는 상대적인 실패는 대다수 학생들에게 자신은 천한 직업 말고는 어느 직업에도 적합하지 않다는 부정적인 확신을 심어 줌으로써 사회의 현 상태 유지와 기존의 불평등을 합리화하는 데 이바지한다.

이것은 분명히 극단적인 견해이다. 왜냐하면 사람들은 내재적 가치를 지니건 수단적 가치를 지니건 간에 학교에서 가치 있는 많은 것을 배우기 때문이다. 그러나 학교교육은 급진적 주장을 뒷받침하는 두 가지 근거를 제공한다.

첫째로, 학교에서 배우는 많은 것들, 심지어 학생의 장래 직업과 상당한 관련을 맺을 법한 교과목들조차도 현실적으로 활용되지도 않고 또 졸업 후 곧 잊어버리게 된다는 점이다. 불행하게도 장차 전문 기술직에 종사할 사람들도 일단 그 직업을 얻기 위한 취직 시험을 치르고 나면, 자신이 학교에서 이와 관련하여 배운 수학과 과학조차 거의 사용하지 않는다. 목하 논제와 직접적으로 관련된 두 번째 측면은 직업교육의 전체적 윤곽이 자격 취득에 요구되는 기술이나 사회적으로 수요가 많은 자격종별에 강조점을 두는 것이 아니라, 복장 단정, 시간 엄수 및 때로는 체제 순응적인 유순한 자세 등과 같은 개인적 및 사회적 특성을 더 강조한다는 사실이다. 이러한 특성은 학생들을 다루기 쉬운 바람직한 고용인으로 만들어 주겠지만, 노동시장에서 자신의 처지를 조금도 향상시켜 주지 않는다. 비록 그들이 고용주의 마음에 드는 순종적인 인격이라 해도, 정녕 자신은 여전히 미숙한 노동자로 남을 뿐이다.

기술의 획기적인 진보는 그 본질상 고도의 기술을 갖춘 소수 전문가만을 필요로 하고, 나머지 다수 인력은 더 복잡한 기계화 과정과 더욱 세분화된 생산 공정으로 인하여 시종일관 비숙련 상태로 남아 있게 한다. 그러므로 산업이 현실적으로 요구하는 인력은 기술력의 향상이 아니라, 지루하고 단조로운 활동을 잘 참아 내고 유연하게 잘 적응하는 노동력이다. 그렇기 때문에 인생 중년에 이르러 영원한 실직 상태에 빠질 수 있으므로 직급의 낮은 서열에 안주하거나, 실직당하여 실업수당 수령의 행렬에 서게 되는 기로에서 잘 순응하는 '도덕적' 특성이 강조된다.

좋은 삶의 한 구성 요소로서 일

워녹(Warnock, 1977: 143-151)은 일 그 자체가 좋은 삶의 한 부분이기 때문에 일을 위한 준비는 교육의 한 부분으로서 온전하고 타당하다는 논거에서 탈학교론자와 대비되는 견해를 제시했다. 워녹은 좋은 삶이란 덕성, 일 그리고 창조력의 세 가지 요인으로 구성된다고 주장한다(1977: 129).* 하지만 불행하게도 좋은 삶의 요소로 일이 왜 포함되는가를 주장하는 그녀의 논거가 빈약하다. 그 이유는 부분적으로 이하에서 논의할 '일'의 의미가 누가 보아도 애매하다는 데 있다. 이 점을 제외하고 보면, 핵심 논점은 노동자가 세계에 대해 자신의 의지(실제로 그를 고용한 고용주의 의지이지만)를 반영하는 니체의 초인과 닮았다(1977: 145)는 점과 타인의 온정에 의존하기보다는 자신의 노력으로 살아가야 한다는 것(1977: 144) 두 가지이다.

---

* 그녀는 '좋은 삶(good life)'의 구성 요인으로 'virtue', 'work', 'imagination'을 들고 있다.

보다 나은 인력 만들기

이제까지 살펴본 교육과 일 사이의 관계를 나타내는 네 가지 관점 이외에 현재 통용되고 있는 정설*이라고 할 수 있는 다섯 번째 관점 을 살펴볼 수 있을 것이다. 이 견해는 교육은 바로 어른이 되어 일하 는 삶을 위한 준비이고, 또 그렇게 보는 것이 올바른 교육의 견해이 며, 교사가 최우선적으로 추구해야 할 목적은 마땅히 장래의 일꾼인 학생들이 가능한 한 경제적으로 생산적이면서 근로 윤리에 부합하는 자세를 갖도록 하는 것이다.

교육과 일을 위한 준비 사이의 관계가 어떠해야만 하는가는 몇 가 지 선행 질문에 대한 답이 무엇인가에 달려 있다. 그 선행 질문이란 일의 도덕적 지위, 사회의 노동 조직 그리고 경제적 풍요와 견줄 수 있는 상대적 가치가 무엇인가 하는 것이다.

앞서 살펴본 워녹은 어떤 종류의 일이건 간에, 일이란 좋은 삶의 필수적인 한 부분이기 때문에 일을 위한 준비가 교육의 온전한 한 부 분이라고 주장했다. 추측건대 어떤 종류의 일이건 간에 인간에게 있 어서 일은 자기 충족을 위한 필수 요인이라는 것이다.

일이라 할 수 있는 몇몇 활동은 확실하게 이런저런 방식으로 충족 감을 줄 만큼 확실히 수행할 만한 가치가 있다. 예술가, 박애주의자, 정치적 이상주의자, 개혁가 등은 자신이 하는 일이 내재적으로 가치

---

* current orthodoxy

있거나, 아니면 그것이 성취하게 될 목적에 비추어 가치 있다고 생각하기 때문에 스스로 그 활동을 일로 선택했다고 한다. 반면에 상대적으로 세속적인 많은 일도 역시 도전감 있고 다채로우며, 논리적 기준, 능률성, 성실성, 판단의 기준 등을 포함하는 것은 틀림없다. 핵심 역량이 필요 없는 상행위와 노역의 경우에도 일이 전개하는 각각의 상황은 특정한 역할 척도와 특정한 기량을 요구하는 표준을 만족시켜야 한다.

이러한 종류의 일이 좋은 삶의 한 부분을 구성한다고 주장하고, 또 이 일을 위한 준비를 하는 것이 교육적이라는 주장에는 별반 어려움이 없다. 그러나 바로 이 점 때문에 일의 많은 특성을 긍정적 측면으로 인정하지는 않는다. 많은 일들이 지루하고 반복적이며, 심지어 개인이 변형한 독특한 스타일을 구사할 기회를 허용하지 않는다. 이는 일이 사회적 또는 심미적 가치가 없는 재화의 대량생산, 심지어 사회적으로 해로운 물건의 생산과 관련되었기 때문일 수도 있다. 담배 생산, 제과업, 무기 산업 등 여러 작업이 틀림없이 이 범주에 속한다. 틀림없이 이러한 일을 하는 이유는 오직 외재적인 것이라고 상상할 수 있다. 이를테면 돈이 필요하거나 단지 집을 벗어난다는 것이 즐거운 사람이 있다. 이러한 사안은 젊은이들에게 일을 얻기 위해 시간과 노력을 투자하라는 권고가 과연 합당한가를 따지는 것, 즉 일의 도덕적 지위를 판단하는 요인이 된다.

그러한 일을 수행하는 사람들은 참기 힘든 오랜 시간을 견뎌 내야 하며, 모르기는 해도 선뜻 동의하기 힘든 부당한 근로 조건에서 불결하고 불쾌한 고역을 되풀이하여 감당해야 할 것이다. 대부분의 일,

특히 제조업에서 일은 근로자 자신이나 또는 지역사회의 이익을 위해서 이루어지는 것이 아니라, 경쟁체제하에 해당 재화를 가장 많이 소유하는 특정한 개인들의 이익을 위하여 이루어진 것이라는 관점이 서방 세계의 지배적인 견해이다.

이 점은 물론 명백한 사실이다. 그러나 아동의 지식, 이해 및 자율성 증진을 목적으로 하는 자유교육 대신에 일에 합당한 기술과 태도의 훈련에 초점을 맞춘다 해도 상당수 학생들의 교육 성과가 다른 사람을 위한 도구적 유용성을 증진하도록 하는 도덕적 관점에 초점이 맞춰져 있다. 그 결과 이와 같은 상황에서 아동 자신이 권리에 대한 잠재적 주체가 아니라 개발되어야 할 하나의 자원으로 간주된다.

이 문제에 너무 과잉 반응할 필요가 없다고 하면서, 가치판단이란 시시각각으로 변화한다고 다시 주장하는 사람들이 틀림없이 있을 것이다. 현재의 가치보다 빅토리아 시대의 가치를 존중하는 사람들은 미래의 삶에서 일거리를 찾을 수 있다는 것이 학생들의 이익이 되며, 만약 여기에 직업 중심 교육과정이 보다 많은 일거리를 갖게 해 줄 수 있다면, 그것은 금상첨화라고 주장할 것이다. 그러나 이에 대하여 직업교육에 더 치중하다 보면 상대적으로 고정된 일자리에 대한 취업 경쟁만 과열될 것이 아닌가 하는 의문이 제기될 수 있다.

특정 기술을 보다 많은 사람에게 제공한다는 것은 그 기술이 사회에 넘쳐 난다는 것이며, 이는 결국 수요와 공급의 법칙에 따라 그 기술의 소지자가 노동시장에서 받을 수 있는 가격을 떨어뜨리는 셈이 된다. 결과적으로 이 문제에 대한 해답은 취업 또는 실업 인구의 구성 여부가 이들이 소지한 기술 여부와 정부의 재정정책과 같은 구조적 요인에 달렸다고 생각할 수 있다.

기업을 통한 사적 이윤 추구를 인정하는 사회가 악덕하다고 생각하는 사람은 보다 능률적이고 성실한 인력을 양성하는 사회체제를 뒷받침하는 교육에 동의하기 어려울 것이다. 이 부류의 사람들은 틀림없이 기업이 사회 전체 또는 사회의 노동자 전체에게 이익이 되는 정치체제를 이루는 것이 가장 급선무라고 생각할 것이다.

일의 도덕적 지위에 관심을 갖는 사람들은 행복과 좋은 삶이 지금 노역을 통해서 생산된 풍부한 재화와 풍요 속에 있는 것이 아니라, 오히려 계급 없는 사회와 같이 보다 간명한 존재 방식에서 찾아야 한다는 생각에 곤혹을 치를지도 모른다. 앞서 살펴본 것처럼 많은 공산품들은 어떤 심미적·사회적 가치도 지니지 못하기 때문에 확실히 이 견해는 수긍할 만한 것이다. 풍요를 추구하는 노동이 과잉 생산을 초래하여 개인이 추구하는 다른 가치들을 대체해 버릴 수도 있다. 과잉 생산 노동은 낭비라는 점에서 반생산적이고, 좋은 삶의 한 측면인 환경을 파괴하기도 한다.

그럼에도 불구하고 생존에 필요한 것을 생산하는 데 있어서 현실적으로 누군가는 반드시 일을 해야 한다는 것은 인간사에 있어 어김없는 사실이다. 학습 또한 일을 통하여 얻게 되는 여러 가지 수단, 즉 교통, 통신, 건강, 학습 그리고 심지어 안락함과 용이함을 가져다주는 다양한 수단들 때문에 많은 사람들의 삶이 늘 개선된다는 것을 부인하기 어렵다. 모든 사람이 생존하려고 일정한 고역을 감내해야 하기 때문에, 제아무리 이상 세계라 하더라도 고역은 필수 불가결한 것이므로 모든 사람은 마땅히 자기 몫의 고역을 감당해야 할 것이다.

무능력자를 제외하고 일하지 않는 어떤 사람도 타인의 수고로부터 어떤 이득을 취해서는 안 된다는 경구는 명백히 정의의 정신을 담고 있다. 만약 어떤 사람에게 사회 전체의 능률에 비추어 일을 하는 데 요구되는 훈련이 필요하다면, 골고루 잘살고자 하는 사람들은 모두 그러한 훈련에 동참해야 할 것이다.

더욱이 일을 하지 않으면 굶어 죽는다는 것은 인류 전체가 도저히 회피할 수 없는 선택이고, 모두가 이러한 일의 본질과 인간의 생존 특성을 진정으로 이해해야 한다면, 고역의 상당 부분을 분담해야 한다는 것은 모든 사람이 교육을 통하여 마땅히 이해해야 할 점이다.

하지만 일상의 과도한 고역 그 자체가 좋은 삶의 필수는 아니다. 보다 내재적으로 만족스러운 방식에 따라 생계를 유지하는 사람은 고된 노역을 하지 않고서도 잘 살아가기 때문이다. 어쩌면 내재적으로 가치 있는 활동을 만족스럽게 수행하는 데 고역이 따르기 때문에 고역은 어쩌면 필요악인지도 모른다. 그러나 만약 고역이 그 자체로 만족스러운 삶의 필수 요소가 아니라면, 고역을 감내해야 하는 이유는 고역을 수반하는 활동이 인간사에서 정당한 삶의 필수 요소여야 한다는 점에 있다. 여기에는 만약 어떤 종류의 일이 그 자체로서 좋은 삶이 아니라 하나의 필요악이라면, 거기에는 다른 무엇인가가 사람들에게 제공되어야만 한다는 결론이 당연히 뒤따른다. 예술가, 박애주의자, 개혁가는 자신이 하는 일 자체를 위해서 살 것이다. 그러나 이와는 대조적으로, 그 밖의 사람들에게 노동을 통한 자기 충족이라는 약속은 속임수이다. 모든 사람은 살기 위해 반드시 일해야 하지만, 만약 누군가가 오직 일을 하기 위해서 살아야 한다든지, 오직 일을 하기 위해서 살도록 가르침을 받아야 한다는 것은 용납될 수 없다.

만약 고역이 필요악이라면, 그것을 보다 능률적으로 그리고 고역에 따르는 시간의 양을 줄일 수 있는 훈련 또는 고역을 보다 도전적이고 가치 있는 형태로 대체해 주는 훈련은 도덕적으로 바람직한 것이다.

그러므로 누군가를 보다 능률적으로 일하도록 훈련한다는 그 자체가 반드시 그에게 나쁜 상태로 몰고 가는 것은 아니다. 그렇다 해서 이 말이 교육의 중요한 부분이 훈련으로 대체되어야 한다거나 심지어 훈련이 교육기관에서 핵심적인 역할을 해야 한다는 뜻은 아니다. 고려해야 할 점은 중요한 교육 목적이 손상되지 않았는가를 보다 주의 깊게 살펴야 한다는 점이다. 주의를 기울여야 하는 이유는 시간을 유용하여 자원을 낭비하는 경우가 있고, 더러는 수단으로 요구되는 과제를 빠르고 능률적으로 수행하는 것만이 훈련이 지향하는 그 자체의 고유한 본질이라고 강조하기 때문이다. 이러한 것들은 마치 경제생활의 '냉혹한 현실' 앞에서 우유부단하게 학문적으로 좌고우면하거나 '가치판단'을 유보하는 경우처럼 훈련의 유용성만 강조하고 모든 판단을 미뤄 버리기 때문이다.

학생을 유능한 인력으로 길러 낸다는 생각과 갈등을 일으키는 가치를 확인하는 것은 어려운 일이 아니다. 그중에는 야망을 키워서 그들의 개인적 발달과 자율성을 증진해야 한다는 교사들의 전통적 교육 목적이 포함된다. 여기에는 또한 합리적 탐구라든지, 목표 달성을 위한 과당 경쟁과 외부 권위로부터 인정받고자 하는 의존성에서 벗어나게 하는 비수단적 교육 목표에 대한 헌신과 같은 가치들이 포함된다. 중등학교 교육과정의 초기 단계에서부터 훈련을 강조하는 것은 사회적 이동을 억제하는 것이고, 많은 교사들이 여전히 중요한 목적으로 취급되고 있는 기회균등의 원칙에 어긋나는 것이다. 우리는 직업적 가치를 지닌 교육 목적이 무조건 중요하다고 압도되어서는 안 되겠지만, 한편 일본이나 또 다른 경쟁 상대국과의 경쟁을 이겨내지 못한다면 이 교육 목적들은 아무 가치도 지니지 못한다는 점을 인정하지 않을 수 없다. 많은 교육 목적들은 어느 수준까지는 경제적 풍요와 양립하게 마련이다. 그렇지만 산업 능률의 한계 증가가 우리 사회의 장기적 명운에 결정적인 영향을 미치지 못할 것이며, 또한 중요한 문화적 지향이나 개인의 자율성이 희생되는 것을 정당화해 주지도 못한다.

　사람들이 직업에 관하여 충분히 인지하기도 전에 특정한 직업과 특정 '수준'의 업무에 확정적으로 입문시키는 것은 앞에서 언급한 듀이의 '사회적 지위 예정설이라는 중세적 독단'을 받아들이는 것과 마찬가지 의미를 갖는다. 훈련의 과정은 필연적으로 힘이 드는 것이고, 전문화된 특정 기술을 획득하는 데는 상당한 정도의 몰입이 요구된다. 예컨대, 우리는 도자기 수업이 어떤 개인의 일반 교육의 한 부분으로 이루어지는 경우와 장차 도자기 산업에 종사할 도공에 대한 훈련으로 이루어지는 경우를 비교해 볼 수 있다. 전자의 경우에 수업의 의도는 학생으로 하여금 색깔, 형태, 비율에 관한 심미적 판단을 어느 정도 개발하는 데 있고, 자신의 노력에 따라 공작품을 만들어 보는 유익하고 즐거운 경험을 하게 하는 데 있다. 만약 이러한 학습 경험이 그 학생 자신의 장차 진로를 선택하는 데 동원된다면, 그 경험은 매우 필요한 일이다. 물론 도자 기예와 재료를 다루는 기술 훈련 뿐만 아니라, 어느 정도의 토론, 실험 그리고 자유선택 활동도 수업 활동으로 병행하여 부과되어야 할 것이다. 만약 어떤 학생이 수업 활동의 마지막 단계에 이르러, 이 분야에서 다른 사람의 업적은 인정하지만 자기 자신에게 이 활동이 전혀 알맞지 않다는 결론을 내리게 된다 해도, 그 학생은 아무것도 손해 본 것이 없으며 설사 있다고 해도 다소 자신의 야망과 무관한 활동에 잠시 몸담았던 것뿐이다.

장차 도공이 될 사람에 대한 교육 활동 방식은 이와 상당히 달라야 한다. 학습되어야 할 과정에 개인의 심미적 경험을 탐색하거나 자신의 독특한 취향에 따르는 것을 거의 허용하지 않아야 한다. 그 과정은 공장에서 실제로 진행되는 작업 방식과 도자기 산업의 경제적 특성과 경영에 관한 사항을 고려하여 결정될 것이다. 예컨대, 호기심에서 그 공정이 어떻게 생성되어 왔는가를 알아보기 위하여 보다 원시적인 공법에 따라 도자기를 만드는 데 몰두한다면 훈련생은 교사의 꾸짖음을 면치 못할 것이다. 훈련의 목적은 훈련생이 과업을 가급적 능률적이고 믿음직하게 수행하도록 하는 것이다. 그 작업이 할 만한 가치가 있는 것인가, 아니면 그 대신 다른 일을 할 것인가 말 것인가 하는 생각이 이 훈련 상황에서 철저하게 배제된다.

교육은 다른 어느 것보다도 한 사람의 삶에 있어서 선택의 근거가 되는 경험을 제공하는 것인 데 반하여, 특정 형태의 훈련을 받는다는 것은 이미 그러한 선택이 이루어진 상황임을 전제한다. 도자기 공장에서 일하기로 했다면, 이에 필요한 요령과 기술을 획득하여 현장에서 이를 적절하게 활용하여 노역을 수행하지 않으면 안 된다. 훈련을 받은 연후에, 도공이 되지 않기로 결심한다는 것은 곧 그 일에 실패했다는 것을 의미한다.

생계를 유지하기 위한 수단으로 대단한 기술이 아니더라도 이를 획득하여 고된 일을 수행한다는 것은 현상 유지 차원에서 시간과 노역을 투자하는 것이어서 나중에 그 일을 벗어던져 버린다는 것은 결코 쉽지 않을 것이다. 그 일에 몸담고 있다는 것은 이미 '도공'과 같은 무엇으로 그의 정체가 확립된 것이다. 도공에 대한 수요가 없어졌을 때, 자신이 그간 쏟아온 노력을 백지화하고 다른 직종을 찾는다는 것은 심리적으로 쉽지 않은 일이다. 그는 단지 경제가 호전되기를 기다리는 실직한 도공일 뿐이다. 도공의 경우는 하나의 사례에 불과하다. 남아도는 교사와 학자들은 차치하더라도, 실직한 광부들도 광부라는 자기 정체성을 버리고 전혀 다른 직종에서 일자리를 찾는다는 것은 도공의 경우와 마찬가지로 쉽지 않은 일이다.

물론 모든 사람은 반드시 하나의 직업을 선택하여 그에 필요한 훈련을 받아야 한다. 하지만 그 선택을 다시 변경하기가 현실적으로 매우 어려우므로 당사자가 자기 자신의 직업에 필요한 지식과 신중한 고려를 통해서 진지하게 선택할 수 있도록 선택의 시점이 가능한 한 늦춰질 필요가 있다.

특정한 직업 훈련의 결과 그 직업에 대하여 지니게 되는 헌신감은 당사자인 개인뿐만 아니라 사회 전체 구조에도 의미를 갖는다. 자기가 선택한 훈련에 많은 시간과 노력을 쏟아 헌신한다는 것은 자신이 차지하는 지위뿐만이 아니라 기존의 직업 자체가 구조적으로 존속하는 것을 요구한다.

지나치게 때 이른 직업교육도 역시 기존 사회질서의 유지에 기여하는 것은 명백하다. 직업상 쓸모 있는 것을 배우는 데 시간을 사용한다는 것은 그 내용이 비록 여타 직종에서도 요구되는 상당히 일반적인 것이라 할지라도, 다른 것을 배울 시간을 빼앗는 것이다. 감옥에 갇힌 죄수에게 자기가 갇혀 있는 감옥 바깥에 세계가 있다는 것을 모르게 하거나, 그 바깥세상이 '따분하다'거나 '속물적'이라거나 실제적으로 자신과 아무 상관이 없는 것들이라고 생각하도록 설득하는 것만큼 가혹한 형벌은 없다. 외국어, 역사, 유클리드 기하학, 영문학 따위를 '쓸모없는', '학문 지향적', '상아탑적' 수업이라 규정하여 이 대신에 아이들을 공장이나 식당, 슈퍼마켓에 보내어 일을 경험하게 하는 것은 그들이 판사, 대주교, 금융가 또는 대기업 중역이 될 기회를 빼앗아 가는 것이다.

물론 그들은 많은 유익한 기술을 배우겠지만, 그것은 그들 자신에게 유익한 기술이 아니라 판사, 은행가, 회사 중역이 될 사람들에게 유익한 기술이다. 왜냐하면, 성공한 사람들에게는 기계 설비를 다루는 일, 일터를 정돈하는 일, 결함을 즉시 보고하는 일, 동료 및 상사와 적절한 관계를 유지하는 일 등은 자기 자신을 위하여 '누군가'가 배워야 할 유용한 내용이기 때문이다(Manpower Service Commission, 발행 시기 불분명). 만약 이러한 기술이 진정 고용주보다 기술 소지자에게 유용하다면, 우리는 학부모들이 앞다퉈 자기 자녀가 이 기술을 먼저 배워야 한다고 하면서 교육비 부담을 자처하는 사태가 벌어질 것이다.

쓸모 있는 기술 소지는 고용시장에서 자신의 지위를 향상시킬 것이며, 고용 사다리에 올려놓는 순간 다른 사람보다 우월한 경쟁력을 갖게 한다. 그러나 어떤 기술만이 유용한 것이어서 이를 습득하는 데 시간을 투자하며 다른 기술 습득은 이에 비하여 유용하지 못하다고 믿는 것은 그 개인이 자신의 삶에서 더 많은 것을 얻는 데 방해가 될 수 있다. 사실 그 결과로 생긴 편협한 안목과 태도는 보통 그로 하여금 보다 높고 반듯한 자리에 고용될 가능성을 저하시킨다.

급변하는 테크놀로지 시대에 직업기술교육이 학생의 능력을 제한하고 심지어 무능하게 만든다는 비판을 면하기 위하여, 직업적 관련성은 있지만 특정 직업에만 관련되는 것은 아닌 '일반 능력'이 중요시되어 왔다. 그러나 '일반 능력'이라는 것이 과연 합당한 개념인가에 대한 강한 의문이 제기되었다(Bailey, 1984: 184; Jonathan, 1983: 8). 이 글의 맥락에서 더욱 중요한 것은 일반 능력이라고 주장되는 많은 기술들, 이를테면 일터를 청결하게 유지하는 것, 감독자와 적절한 관계를 유지하는 것, 묶어서 계산하는 능력은 비록 수많은 다른 직업들에 공통되는 기술이기는 하지만, 가장 낮은 수준의 직책에만 요구되는 특정한 '수준'과 관련된다. 따라서 일반 능력은 학생의 사회적 이동이나 보다 큰 야망을 실현하는 데 장애로 작용할 수도 있다.

우리 사회에서 경제적으로 성공한 사람들은 젊은 시절에 한정된 직업 능력을 획득하기보다 훌륭한 일반교육의 배경을 가졌다는 것을 부인할 수 없다. 결과적으로 직업교육의 명백한 사회적 위험은, 미래의 엘리트들이 여전히 사립학교에서 개인적으로나 경제적으로 더 가치 있는 일반교육을 받는 상황에서 미래의 대중 인력에게 적합한 직업교육이 과연 있는가 하는 점이다.

훈련의 조건과 목표는 학생의 자율성과 사회정의라는 교육 목적에만 상치되는 것이 아니다. 훈련이 표방하는 목표는 또한 합리적 탐구의 증진을 방해하고, 비실용적 진리를 가르치려는 교사들의 헌신과 갈등을 일으킨다. 학생들이 훈련받으면서 재료의 성질에 관하여 질문한다면, 트레이너는 "얘들아, 그런 것에 신경 쓰지 말고, 기계에서 눈을 떼지 말고, 손놀림에 주의해라"라고 대답할 것이다. 교육에 종사하는 교사라면 학생의 질문을 보다 심화된 설명을 할 수 있는 기회로 알고 환영하겠지만, 트레이너가 질문을 받는 경우에는 훈련생의 직무 수행에 직접 관련 있는 경우에만 대답하는 것이 합당하다고 생각할 것이다.

이 문제에는 또 다른 측면이 있다. 보다 많은 유능한 학생들이 한꺼번에 직업 능력을 획득하는 것이 중요하다고 여겨졌다. 만약 많은 학생들이 단지 산업 정보가 부족하고, 그러한 직업은 가치가 없다는 상류사회의 이데올로기에 빠져서 다른 직업을 택하고 있는 형편이라면 이 일은 분명히 잘못된 것으로, 이를 교육을 통하여 바로잡는 것이 매우 바람직하다. 그러나 하나의 가능성으로서 반드시 고려되어야 할 최소한의 것은 직업을 선택할 위치에 있는 사람들은 반드시 자기가 몸담을 직업을 선택하는 데 타당한 이유를 가지고 있어야 한다는 점이다. 그 이유가 산업체 근로의 본질을 파악하지 못한 점이나 가족이나 자신이 누리고자 하는 것에 미치지 못하는 물질적 불만족과 관련될 수도 있다. 직업 선택의 이유가 또한 자기 자신의 이익이나 고용주의 이익 추구보다는 훨씬 매력적인 공무원 자리나 자유로운 전문직을 찾고자 하는 다소 이상적인 이유일 수도 있다.

진로교육*은 이 말이 가리키는 바와 같이 학생들에게 정확하고 종합적인 직업 정보를 제공하고, 학생들의 이익을 위해서 올바르게 해석된 평가를 내려 주는 전문적 활동으로 이해된다면, 그것은 매우 바람직한 '교육'의 형태가 된다. 그러나 진로교육을 빌미로 해서 학교가 학생들에게 산업체의 취직자리를 '팔아먹거나', 이를 지나치게 매력적인 것으로 제시하는 것은 교육적으로나 도덕적으로 수긍하기 어려운 것이다.

산업 정보를 올바르고 분명하게 '보다 많이 아는 것'은 참된 교육의 목적이 된다. 이 점은 심지어 사태의 진정한 본질을 대중에게 숨기고 자본가가 노동을 착취한다고 보는 급진주의자도 받아들이는 관점이다. 산업이 어떻게 굴러가고 있는지를 안다는 것은 다른 사람들의 삶과 경험이 작용하는 인간과 사회라는 또 다른 세계를 아는 것이다. 따라서 그 앎은 세계와 자신과의 관계를 자신이 파악하여 이해하는 한 부분이 된다. 이를테면 자신이 산업체로부터 어느 정도 물질적 지원을 받고 있는지를 제대로 이해하지 못하는 사람은 자신이 처해 있는 상황에 대해 제대로 알지 못하는 것이다. 산업이 어떻게 움직인다고 이해하건 간에 많은 생산 공정과 결과들은 인간의 성취와 재능의 결과이며, 실제로 많은 기업들이 능률성, 경제성, 심사숙고, 상상력 그리고 인과율에 따른 나름의 지침을 통하여 일을 수행해 간다. 그러므로 산업에 대한 사심 없는 학습은 현대사회에서 개인이 받아

---

* career education: 여기서 'career education'은 흔히 말하는 'vocational education'과 달리 훈련의 편협성을 극복한 교육의 형태로 보고 있다.

야 할 교육의 정당한 한 부분이 된다고 볼 만한 근거를 갖는다.

이에 대한 당연한 귀결로 만약 일의 세계를 학습하는 것이 아동교육의 핵심 부분이라면, 그것은 아마추어 식의 선의와 열정이 아니라, 자료의 선택, 제시방법의 경제성, 그리고 정확성, 통합성 및 진실성과 같은 학문적 엄격성을 포함하는 전문성을 가지고 수행되어야 한다. 지역 상공회의소 대표들이 강조하는 산업의 중요성과 지역사회의 공헌만으로 이 문제가 해결되지는 않을 것이다. 산업의 본질이나 '부의 창출 과정'에 관한 토론도 정치적 쟁점이나 말썽 많은 화제를 회피한다면(Bailey, 1984: 174) 이 역시 문제 해결에 도움이 되지 못할 것이다.

마지막으로, 일의 중요성을 강조하는 것은 여러 가지 면에서 학생 자신과 다른 사람의 행복 증진을 정당한 교육 목적으로 삼는 것과 갈등을 일으킬 수 있다. 일 중독증은 가정생활을 파괴하며, 남녀 모두 직업 활동만이 오로지 진실로 자기를 충족시켜 준다는 그릇된 생각에 빠지게 하는 경향이 있다. 만약 교육을 통하여 일이 가져다주는 물질적 혜택이 우리 삶의 여러 목표 중 하나에 지나지 않는다는 생각을 가르칠 수 있다면, 일에 관한 불안과 스트레스 그리고 실업과 관련된 자아정체성의 위기와 같은 많은 문제들은 피할 수 있을 것이다.

대부분의 졸업생이 취직을 하지 못하고 성인 중 다수가 오랫동안 실직 상태를 경험하게 되는 상황에서 교육이 일의 중요성만을 강조하지 말고, 여가, 가족 관계, 레크리에이션 활동이나 자원봉사, 심지어 단순한 삶의 가치를 강조함으로써 사람들로 하여금 실직 상황에 대비하도록 하는 것도 생각해 볼 수 있다. 그러나 이것은 교육과 실업의 관계 그리고 위험성을 제대로 평가하지 못하는 것이다. 만약 한 세대의 젊은이들이 일을 하는 것보다 자신이 하고 싶은 것만을 멋대로 하게 내버려 두거나, 고용된다는 것을 왜곡하여 고용 상태보다 경제적 보상이 적기는 하지만 실업급여가 보다 더 심리적 만족을 준다고 믿게 된다면, 일자리를 얻는 데 필요한 일체의 훈련을 무용지물로 만드는 치명적인 결과를 초래한다.

임금 노예, 다람쥐 쳇바퀴 돌기라는 비유가 드러내고자 하는 핵심은 물질적 이득이 아닌 다른 가치를 발견해야 그러한 굴레에서 벗어날 수 있다는 것이다. 그러나 아무리 열심히, 그리고 능률적으로 일한다 해도 우리가 쏟아부은 노력에 대한 물질적 대가는 그 일에 대한 능력이나 헌신이 아니라 우리의 일을 통제하는 사람들의 선의 또는 윗사람들의 인정에 좌우되기도 한다. 그리고 성과에 대한 인정은 종종 무시되거나 제멋대로 내려지기 일쑤이다. 우리가 자기 일에 헌신하면 할수록, 우리는 다른 사람의 승인과 그들의 보상을 받기 위하여 보다 효과적으로 일하는 방법을 배우는 데 더 많은 심혈을 기울이지만, 점점 더 노예 상태에 빠져들게 된다.

제3부 교육 목적과 사회

7

준법과 질서 유지

우리는 학교가 조화롭고 질서 있는 사회를 이룩하는 데 이바지할 것을 기대한다. 학교는 범죄, 폭력, 사회적 불복종의 만연 때문에 비난을 받아 왔으며, 학생 비행의 발생 빈도는 학교의 교육 효과를 가늠하는 척도로 간주되어 왔다(Rutter, 1979: 110-113).

준법과 질서 유지가 적절한 교육 목적인지, 그리고 그 이유가 무엇인지를 고찰하고자 할 때, 그 합당한 논거는 사회의 존속, 사회제도, 그리고 시민의 생명과 재산의 보호에 전적으로 달려 있다는 점에 주목할 필요가 있다. 이 논점은 논의 대상이 되는 사회가 상당히 정의로운 사회임을 전제로 할 때만 성립한다. 말할 필요도 없이, 특정한 사회가 '상당히 정의로운' * 사회인가 아닌가 하는 문제는 끝없는 논란이 된다. 이어지는 두 개의 장에서 어떤 사회제도 및 정치 질서가 도덕적으로 바람직한 것인지를 논의할 계기가 제공되기를 기대한

---

* reasonably just

다. 당분간 '상당히 정의로운'이라는 모호한 표현을 일부러 사용하게 될 것인데, 그 이유는 저자가 양극단의 어느 쪽에도 동의하지 않기 때문이다.

한편으로 어떤 정권이 전제적임에도 불구하고 그 정권의 자의적인 요구에 맞춰 그 정권에 동조하는 것을 정당화할 필요는 없다. 명백하게 정의롭지 못한 사회에서 '준법과 질서 유지'를 교육의 목적으로 간주하면서 정의롭지 못한 전제체제를 교육을 통하여 강요하는 것은 그 자체가 탄압이다.

다른 한편으로 개인이 나름대로 자신의 일상생활을 조화롭고 격조 있게 영위하도록 하기에 앞서 절대적이고 완벽하게 정의로운 사회를 위한 제도적 장치를 가정하고자 하는 것도 정의로운 것이 아니다. 심지어 상당히 제도적으로 정의롭지 못한 사회에서도 젊은이들을 무자비한 폭력, 파괴, 절도, 사기, 그 밖의 반사회적 행동을 하지 않도록 키우는 것은 여전히 옳은 일로 볼 수 있다.

급진적 혁명주의자는 이와 같은 반사회적 행동을 하지 않도록 양육하는 것이 단지 정의롭지 못한 현 상태를 고착화하는 데 기여한다고 주장하면서 어떠한 타협도 거부할 것이다. 이 견해에 따르면, 사회의 붕괴를 유도하여 유토피아를 건설하기 위해서 공중도덕을 손상하고 공공질서의 파괴도 마다하지 않고 할 수 있는 모든 일을 다 하라고 사람들을 선동해야 한다. 그러나 점진적 변화를 거부하고, 급진적 대변혁만이 오로지 사회를 개선시킨다는 것을 명백하게 보장할만한 방법은 없다. 더군다나 혁명 상황에서도 혁명을 주도한 사람들이 압제자들을 대상으로 하는 직접적 적대 행위와 죄 없는 사람들을 대상으로 저지른 무차별적 폭력과 약탈 행위를 잘 구별하지 못하는 경우도 있다.

사람이면 누구나 사회가 어떤 질서체제와 바람직한 도덕적 행위 기준을 가져야 하는지, 그리고 치유할 수 없을 정도의 사회악이 만연된 사회가 혼란의 수렁에서 빠져나오는 방법이 무엇인지에 대해서 각기 나름의 견해를 가지고 있다.

비록 군과 경찰력을 동원하여 상당한 정도로 사회질서가 유지된다고 하더라도 사회 안정과 평화 유지 수단으로 이 방법밖에 없다는 주장에는 의심의 여지가 있다. 이러한 알력과 강제력 동원에 대한 대안인 동시에 그것을 보완하는 의미 있는 방법은 젊은이들에게 자신의 행동이 사회의 다른 구성원들과 갈등을 일으키지 않도록, 관습과 실천적 관행을 받아들이고, 기존의 권위, 타인의 권리 등을 존중하도록 교육하는 일이다. 이것은 분명 공공연한 갈등을 줄이는 매력적인 방법이며, 끊임없는 탄압과 감시를 하려는 것보다 덜 위험하고, 아마 비용도 더 싼 가장 효과적인 방법일 것이다(Bourdieu & Passeron, 1970).

아이들을 그 사회의 가치에 순응하도록 하는 데는 여러 가지 방법이 있다. 그 한 가지 방식은 사회가 요구하는 기준에서 한참 벗어나는 사람에게 별다른 설명 없이 상당히 엄격한 사회화 방식을 적용하여 다른 사람들과 균일하게 하는 일이다. 그러한 사회화 방식에 아동의 임의적 선택은 허용되지 않으며, 그러한 시도를 할 수조차도 없다. 또 이와는 달리 사회 운영 체제를 정당화하기 위해서 신념, 가치, 사회적 이상을 통째로 주입할 수도 있다. 이러한 방식에 따라 기존의 목적에 부합하는 이상과 포부를 젊은이들에게 심어 줄 수도 있을 것이다.

그러나 학생의 자율성과 학생 자신의 행위에 대한 자율적 평가를 거의 고려하지 않는 이러한 두 가지 방식은 도덕적인 면과 실제적인 면에서 반대에 직면해 있다. 두 가지 방식은 어떻게 살아야 하는지를 선택하는 일에 당사자가 아닌 기성세대 또는 기성세대 중에서 모종의 교육적 영향력을 지닌 구성원이 참여하게 하여, 결과적으로 미래 사회의 발전상을 이미 저승에 가 있는 이들이 통제하는 꼴을 야기한다. 여기에 수반되는 악덕은 오늘의 인습이 미래 세대의 도덕적 정체를 야기하는 현상이 지속적으로 나타난다는 것이다. 아마 이보다 심각한 것은 이처럼 타율적으로 부과된 가치가 새로운 상황이나 변화에 대응하는 데 역부족이라는 사실일 것이다. 권위주의 체제의 붕괴에 폭력과 혼란이 늘 따르는 것처럼, 스파르타 인의 외국생활, 퍼블릭 스쿨 학생들의 럭비 시합 여행 중 행동 그리고 수도원 출신 학생들의 대학 첫 학기 행동 등이 타율적 통제와 관련된 행동으로 흔히 언급된다.

강압, 일방적 사회화 및 교화 문제 이외에 네 번째로 도덕교육 프로그램을 고려할 수 있다. 도덕교육은 곧 다른 사람을 교화하는 것에 불과하다는 반응을 지나치게 심각하게 받아들일 필요는 없다. '교화'라는 말은 다양하게 해석된다(Snook, 1972). 교화는 단순히 특정한 정치적 이익 관계에서 비롯된 일련의 그럴듯한 신념을 심어 놓는 일이라고 볼 수 있다. 또는 모종의 신념 체계를 그것에 의문이나 비판을 쉽게 제기할 수 없는 방식으로 주입하는 것(White, 1970; Degenhardt,

1976)이라고 규정할 수도 있다. 의심할 여지없이 이 두 과정은 병행된다. 논의의 목적상 앞에서 살펴본 교화처럼 행위를 통제하는 방식과는 달리 도덕교육은 본질상 신념을 교묘하게 주입하지 않는 의식적인 활동이다.

도덕교육을 받은 사람이란, 다른 사람도 자기 자신과 꼭 마찬가지로 이해관계에 얽힌 의미 있는 존재라고 믿고, 그렇게 행동할 태세가 되어 있는 사람이라고 할 수 있다. 만약 우리가 참으로 교화의 형태가 아닌 도덕교육에 전적으로 관심을 가지고 있다면, 여기서 도덕적 이해는 매우 중요한 핵심을 차지한다. 피터스(Peters, 1974: 253)가 주장한 것처럼, 도덕적 인간이란 '타인의 이해관계를 불편부당하게* 다루는 데 헌신하는 사람'이라고 규정하는 것만으로는 불충분하다. 왜냐하면, 그러한 헌신은 교화라는 수단을 통해서도 가능하기 때문이다. 이해라는 요소를 강조하는 것은 학생이 토론, 반성뿐만이 아니라, 실제 경험이나 타인과 상호작용 과정을 거쳐서 모종의 확신에 이르게 된다는 것을 의미한다. 물론 교화와 달리 도덕교육은 본질적으로 그 결과가 의도대로 나오는 것이 아니다. 만약 토론과 반성 형태를 인위적으로 연출하는 것이 아니라 참으로 개방된 토론과 비판적 반성에 몰두한다면, 학생들은 마땅히 우리 자신과는 극단적으로 다른 결론에 도달하게 될 가능성을 감수해야 한다. 원론적으로 말하자면, 학생들은 자신이 채택한 완벽하게 타당한 방법에 따라 존경하는 권위자의 의향이나 어떤 종교적 처방이 무엇보다도 중요하다는 결론

---

* impartially

을 내릴 수도 있으며, 또는 유일하게 중요하다고 판단한 것에 집착해야 한다는 결론을 내릴 수도 있다.

도덕교육의 절차상 중요성을 인식한다면, 모든 사람들을 동등하게 중요한 존재로 인식하고, 이것이 또한 열린 사고의 결과로 받아들여져야 한다는 점을 인식해야 한다. 만약 이러한 인식이 실패한다면, 사회는 시민 보호를 위한 보다 강압적인 수단에 의지해야만 하는 단계로 전락할 것이다.

완고한 상대주의자는 모든 사람의 이익이 동등하다는 생각에 집착한 나머지 '왕은 신으로부터 나온 것이다'라거나 '여자가 머물 곳은 가정이다'라는 생각과 꼭 마찬가지로 모든 생각이 이데올로기의 부산물이라고 틀림없이 고집할 것이다. 극단적 보수주의자는 그 생각에 대해서, 그것은 '강자를 속박하고', 초인이 그의 주변에 있는 범속한 이들로부터 '마땅히 받아야 할 것을' 받지 못하게 하는 음모라고 생각할 것이다. 그러나 모든 사람의 이해관계가 동등하게 중요하다는 생각은 손쉽게 이해되고, 합리적으로 옹호될 수 있다는 장점을 가지고 있다. 비록 실제에 있어서 모든 사람의 이익이 동등하다는 원리는 바로 그 원리에서 도출된 다수결의 원리가 소수의 이익을 억압하는 데 악용된다는 단점을 인정하지 않을 수 없지만, 한 개인이나 특정 집단에 대한 타인의 착취를 도덕적으로 정당화시켜 줄 여지를 제공하지 않는다.

도덕교육을 받은 사람은 교화와 같은 방식에 의해 집단의 가치에 순응하도록 양육된 사람과 달리, 막연하게 '절도는 나쁜 짓'이라는 명제를 초월적으로 수용하기 때문에 훔치지 않는 것이 아니라, 다른 사람이 사용하기 위하여 창조하거나 획득한 것을 훔치는 행위를 정당화할 길을 찾을 수 없어서 훔치지 않는다. 지방의회 의원이 자신의 지위를 악용하여 개인의 사업상 이익을 취하지 않는 것은 유권자가 이러한 행위를 안다면 자신을 의원으로 선출해 주지 않을 것이라고 생각하기 때문이다. 그가 약속이나 일반적 행위의 준칙을 어기지 않는 이유는 타인과의 약속과 규칙 준수가 결국 자신의 이익이 된다는 것과 약속과 규칙 준수에 있어서 자기 자신만 예외가 되어야 할 하등의 이유가 없다는 사실을 이해하기 때문이다.

이 말은 누구든지 자기 자신의 이익을 추구하지 말아야 한다는 뜻이 아니다. 다른 사람들과 마찬가지로 누구나 이익을 구하고 똑같은 처지에서 경쟁할 수 있지만, 오직 자신의 이익 추구는 모든 사람을 규율하고 있는 규칙의 범위 안에서 이루어져야 한다는 뜻이다. 도덕교육을 받은 개인은 사회의 공정하고 합리적인 실천 관행을 준수하되, 아무 생각 없이 습관적으로 그것에 복종하거나 '그렇게 해 온 것'이기 때문에 복종하는 것이 아니라, 자신이 타인의 준수를 존중하는 것과 마찬가지로 타인도 자신의 준수를 존중할 것이라고 믿기 때문에 약속과 사회규칙을 준수한다. 비록 우리는 통상적으로 관습을 따르고 있지만, 매 행위를 할 때마다 전적으로 의식적인 선택을 하는 것은 아닐지라도 스스로의 선택에 따라 행동한다. 그러므로 우리는 특정한 장면에서 기존의 실천 관행이 서로 갈등하거나 부적합할 경우에도 일련의 원칙을 가지고 이를 대처할 수 있는 것이다.

질서 정연한 문명사회의 규칙과 관행을 존중하는 태도는 문제 상황과 결과에 대한 사실적 지식은 물론 여기에 담겨진 실천적 의미와 도덕적 행위의 본질을 이해하는 것을 전제한다. 이러한 맥락에서 지식과 이해에 대한 강조가 곧 교육의 목적으로 성립한다. 다른 교육 목적과 마찬가지로 도덕교육의 목적도 완전 성취라는 것이 불가능하지만, 그럼에도 완벽을 향해 추구할 만한 가치가 있는 실제적인 것이다.

성인(聖人)들만이 사는 사회는 실현될 가능성도 없지만, 우리가 그러한 사회를 원하지도 않는다. 상당수의 사람들에게 강압적 제재가 지속적으로 가해질지도 모른다. 그리고 심지어 양식이 있는 일반인에게도 용납될 수 없는 행위로 인식되는 모종의 지침이 요구되기도 한다. 그럼에도 도덕교육의 목표가 부분적으로나마 성공을 거둔 사회는 도덕교육 자체가 전적으로 무시되는 사회보다 한결 살기 좋은 사회일 것이다.

도덕교육의 개념 속에는 패러독스에 해당하는 하나의 문제가 있다. 이 문제는 도덕적 행위의 이유를 합리적으로 논의할 수 있지만, 도덕적 행위의 실천은 합리적인 방법으로 획득될 수 없다는 데 기인한다. 한 개인이 자신이 준수해야 할 규칙을 평가할 능력을 갖춘 경우에만 이 규칙에 따르는 실천이 가능하다고 한다면, 도덕교육은 불가능하다는 점에 일반적으로 의견이 일치하는 듯하다(Peters, 1974: 255). 따라서 도덕교육은 역설적으로 도덕적 자율성이라는 꼭대기에 아동이 도달하지 못한 상태에서 아직 이해하지도 못한 규칙을 준수하도록 하는 일에서부터 시작된다.

이 논의에서 어린아이들의 도덕적 이해 도달 여부에 관계없이, 도덕교육의 패러독스가 결코 치명적인 것은 아닌 듯하다. 만약 아이들이 단순한 복종 단계 또는 규칙을 절대적인 것으로 인식하는 단계가 반드시 거쳐 가야 할 단계라는 점을 인정한다면, 이 패러독스는 치명적인 것이 아니다. 만약 아이가 합리적 사고를 할 위치에 있다고 해도 근거를 합리적으로 따지지 않고 즉흥적으로 어떤 행동을 하는 것을 결코 도덕적으로 큰 악덕이라고 할 수 없다. 오직 중요한 것은 아이들로 하여금 기존 가치에 순응하도록 하는 것이 종국에 가서 스스로 그 아이가 아무것도 얻어 낼 수 없다는 점을 고려할 때, 비록 사회의 기존 가치에 순응하는 단계라 하더라도 스스로 사려하도록 하는 비판적 단계를 도덕교육의 과정에서 생략해서는 안 된다는 점이다.

이상적으로 말하자면, 도덕교육의 과정은 초기에 개인이 자기가 이해하는 특정한 이해 수준에 따라 행동을 취하게 하고, 나중에는 여러 가지 예외와 모순을 선별하고 이에 맞추어 더 이상 정당화되지 않는 규칙을 파기하는 과정이 될 것이다. 비록 초기에 어떤 규칙을 합리적으로 선별하지 못했다 해도, 나중에 가서 그 규칙을 계속 준수할 것인지를 결정하는 것은 이성이다.

이제까지 묘사한 특징을 지닌 도덕교육이 권장할 만한 교육 목적이 될 수 없다고 보기 어렵다. 단지 대부분의 규칙에 복종만 하는 것이 아니라 이성에 따라 규칙을 준수하고 숙고하며, 변화하는 사회 상황에 비추어서 규칙을 새롭게 채택하고 세련되게 다듬는 시민이 필요하다는 것은 정의로운 사회가 요구하는 덕목이다.

도덕교육을 사회 이익을 위해 개인을 희생시키는 기존 규칙에 순종하도록 강권한다고 비난할 수는 없다. 왜냐하면 도덕교육을 받은 사람은 자신이 다른 사람의 도덕적 행위로부터 이득을 얻은 사회에서 스스로가 합리적 숙고의 과정을 거쳐서 준수하기로 한 규칙에 복종하도록 교육받은 사람이기 때문이다.

전반적으로 정의롭지 못한 압제 사회에서 도덕적 인간이 어떻게 행동해야 하느냐의 문제는 여기서 만족스럽게 다룰 수 없는 복잡한 문제이다. 도덕성이란 우리가 남들이 지키지 않을 것인 줄 뻔히 알면서도 자기 스스로 정직한 기분에 따라 뻔히 사기당하도록 허용하는 것은 확실히 아니다. 그러나 오랜 도덕적 전통에 비추어 볼 때 도덕적 인간이 된다는 것은 무엇을 못하도록 하는 소극적 금지에 매달리는 것이 아니라, 결과적으로 자신에게 상당한 정도의 혜택이 돌아간다는 점을 인식하는 것이다. 어떤 경우에는 정직이 최선의 방책이 아닐 수 있기 때문에 '정직이 최선의 정책'이라는 소박한 주장에 반드시 매달릴 필요는 없다. 또 개인이 자기 스스로 속한 사회의 최고선에 헌신함으로써 어떤 형태의 자아실현을 성취하게 된다는 관념론자의 주장을 말하는 것도 아니다(White, 1978: 8). 흔히 어른들이 젊은 세대를 염려하는 방식으로, 만약 우리가 우리 자신과 마찬가지로 타인의 삶을 염려해 준다면, 우리는 확실히 타인이 스스로를 돌볼 수 있고, 스스로의 이익을 챙기며 살아가도록 기대해야 할 것이다. 그렇다고 그들이 이기적이고, 거짓말을 하거나 잔인한 사람으로 살아가기를 기대해서는 안 될 것이다. 이 경우 우려되는 것은 우리가 늙었을 때 그들이 우리를 내다 버리거나 죽일까 하는 두려움 때문이 아니라 그들 자신이 맞게 되는 삶 때문이다. 우리는 결국 그들이 실패한 삶을 마감했다는 느낌을 갖지 않을 수가 없을 것이다.

마지막으로 한 가지 고려 사항이 있다. 비록 도덕교육을 받았다는 것이 그 개인이 남들의 이익을 자신과 동등하게 고려한 결과로 때로 손해를 보게 된다고 해도, 그를 대신하여 죄책감을 느낄 필요가 없다. 왜냐하면, 그 개인은 오직 그 자신이 하고자 했던 것을 했을 뿐이고, 그 결정은 전적으로 그 자신이 내린 것이기 때문이다. 이것은 확실히 교화, 사회화, 잔혹한 강압에 따라 사회의 규범과 관습에 순종하는 사람의 경우와 결코 같지 않다.

도덕교육 논의가 어떻게 하면 보다 법을 잘 지키고, 질서 있는 사회를 만들까 하는 맥락에서 제기될 수 있다는 점도 고려해야 할 것이다. 이 맥락에서 공적(公的) 요구는 항상 도덕교육보다는 사회화에서 비롯된다. 공적 요구는 도덕적 개혁이나 도덕적 혁신보다는 기존 가치에 순응하는 사회화에 맞춰져 있다. 부모, 기업가 그리고 정치가가 '교사'를 비난하거나 사회의 병리에 대한 '부모'의 책임을 추궁할 때, 비난의 화살은 동성연애자의 처우 개선을 요구하고, 동물 학대에 분개하고, 제빵 공장(White, 1982: 105), 무기 공장, 담배 공장에 취업하기를 거부하도록 한 도덕교육의 결과에 맞춰진 것이 아니다.

상당히 정의로운 사회에서 도덕교육의 성공은 어느 정도 준법과 질서 유지로 판가름된다. 그도 그럴 것이 도덕적 인간은 정의로운 법과 심지어 다소 정의롭지 못한 법조차 준수하는 것이 법을 모멸함으로써 저지르는 불의와 사회적 위해보다 옳다는 것을 알기 때문이다. 불의가 남아 있는 경우에도 도덕적 인간이 필요하다면, 불복종을 뜻하는 상징적 행위를 포함하여 일체의 저항과 항변을 통하여 불의를 타파하는 일에 헌신해야 할 것이다. 그러한 활동들이 갈등과 심지어 폭력을 초래하지 않을 것이라는 보장은 없다. 왜냐하면, 불의를 옹호하는 세력은 늘 항거 세력을 억압하려고 하기 때문이다. 확실히 비도덕적 행위, 국가 전복, 준법과 질서의 파괴, 도덕감의 결여, 교사에 의한 정치적 교화 등을 지적할 수 있다. 심지어 교사에게 봉급을 주는 것은 교사의 소신에 따라 가르침으로써 사회 개혁을 주도하기 때문이 아니라, 단지 기존 가치들을 학생들에게 심어 주라는 것 때문이라는 주장도 있을 수 있다.

교사가 아니더라도 누가 되었든 간에, 사회를 개선하기 위해 힘써야 한다는 것은 오만과 권위적 간섭주의*를 내포하고 있는 것처럼 보일 수도 있다. 그렇지만 사회를 개선할 수 있는 기회가 손에 닿았을 때 그렇게 하지 못하도록 금지하는 것은 결코 옳은 것일 수 없다. 오직 자기 자신이 바람직하다고 여긴 방향으로 사회가 변하는 것을 스스로 제재할 준비가 되어 있는 사람만이 남에게 사회를 개혁하려고 하지 말라고 요구할 수 있다. 그리고 이러한 요구를 할 자격을 가진 사람들 중에 교사의 개혁 열정을 마냥 비난하고자 하는 대부분의 사람들은 분명히 포함되지 않는다.

사실 우리는 교사들이 추구하는 사회 개혁에 관심을 갖는 것이 아니라, 교사들로부터 교육받은 이들이 추구하는 사회 개혁에 관심을 가지고 있다. 교사들이 그들 자신의 정치적 목적인 사회 개혁을 달성하려고 한다면 학생들을 도구로 사용했다는 비판에 대하여 의문의 여지가 없다. 왜냐하면, 도덕교육을 한다는 것은 개인으로 하여금 특정한 개별 행위를 하게 하는 것이 아니라, 무엇이 도덕적으로 올바른

---

* paternalism

일련의 행위인지를 그들 스스로가 선택할 수 있는 처지에 놓이도록 하는 일이기 때문이다.

　아직도 어떤 사람들은 도덕교육 논의가 지나치게 골치 아픈 문제이며, 도덕교육은 기존의 가치관을 흔들어 댄다고 생각할지 모른다. 실제로 그러하다. 이러한 이유로 성현과 도덕군자들이 독배를 마시거나 십자가에 매달려 생을 마감했던 것이다.

/8

평 등

다른 책에서 나는 교사가 민주 사회를 만드는 작업에 기여할 수 있는 방식에 대해서 논의하고, 특히 난해하고 복잡한 문제인 교육 기회균등 문제를 검토한 바 있다(Wringe, 1984: 43-64). 이 장에서 기회의 균등이 아니라 평등 그 자체에 초점을 맞추어 논의하고자 한다. 평등은 매우 중요하고 포괄적인 교육 목적이다. 왜냐하면, 한 사회에서 만족한 삶을 누릴 수 있는 사회적 여건이 한정된 소수의 사람에게만 주어질 경우, 어떤 의미에서건 지위 획득 기회가 평등하게 주어졌다고 하는 것은 그 지위를 차지하지 못한 구성원들에게 거의 위안을 주지 못할 것이기 때문이다. 그러므로 목하 우리는 사회구조상 드러나는 다양한 지위를 누가 차지하고, 어떤 경력의 소유자가 차지하는가 하는 세세한 사항이 아니라 사회의 구조적 불평등 자체에 관심을 가질 필요가 있다.

평등은 교사가 마땅히 추구해야 할 합당한 교육 목적임에 틀림없

143

지만, 평등 사회를 구현하기 위한 교육정책을 입안하는 사람들 사이에서는 보편적인 합의가 이루어진 것은 아니다. 우리는 평등 그 자체가 어느 면에서는 모호하고, 무의미하거나 일관성이 없는 관념이라는 주장이 그렇게 이상하게 들리지 않는다는 점(예컨대, Cooper, 1980: 1-29)에 맨 먼저 주목할 필요가 있다. 여기서 평등 사회는 단지 물질적 부에 있어서나 권력과 지위에 있어서나 큰 불균형이 없는 사회를 가리킨다. 평등 사회는 경제적 필요 때문에 또는 한 부류의 사람들이 다른 부류의 사람들에게 종속되어 복종해야 한다는 생각 때문에 사람들을 자기 마음대로 부리는 그런 사회는 아니다.

서장에서 우리는 합당한 교육 목적이 되기 위한 조건으로, 교육목적이 일반적 수준에서 바람직한 것으로 받아들여야 한다는 점, 교육하는 입장에서 교사가 자기 업무의 한 부분으로 교육 목적을 증진하려고 해야 한다는 점, 그리고 교육 목적이 잘 설정된 다른 교육 목적과 갈등을 일으키는 불행한 경우가 생기지 않아야 한다는 점을 제시했다.

평등 사회로 진전하는 것 그 자체가 바람직한 것인가의 여부는 더 이상의 논의가 필요가 없는 이미 공인된 문제이다. 이러한 견해는 어느 누구도 자신이 다른 사람보다 덜 존중되어야 한다는 취지를 가진 일련의 사회질서를 받아들일 이유가 없다는 주장(Locke, 1689/90, II.2.4: 309 참조)에 의해 정당화된다. 그러나 최근에 평등의 원리와 함께 평등을 증진시키기 위한 주장에 대하여 많은 반론들이 제기되었다.

가난의 실체가 불평등을 반대하는
논거가 되지 못한다

농장 근로자, 공장 근로자 또는 굶주린 아프리카 어린이들이 처해 있는 처참한 상황을 생생하게 묘사하고, 이를 세속적인 풍요를 누리는 여유 있는 사람들의 삶과 대비시키는 방식은 평등을 증진하기 위해 사용되는 전형적인 수사적 표현 방식이다. 그러나 평등에 반대하는 사람들은 이러한 수사적 표현 방식이 결코 평등을 옹호하는 타당한 논거가 아니라고 주장한다. 사람들이 굶주리고 있다는 사실은 확실히 그들을 먹여 살려야 하는 이유는 되지만, 그것은 평등과 아무 상관이 없는 사안이라는 점이다. 사람들이 굶주린다는 사실에 그들을 먹여 살려야 하는 이유가 도출되는 근거는 평등이 아니라 동정심과 동감(同感) 때문이다. 사람들을 먹여야 한다는 것 자체가 이미 충분한 근거를 갖는 것이어서 여기에 평등을 끼워 놓는다는 것은 불필요하고 사려 깊지 못한 처사이다(Cooper, 1975: 121).

풍요와 가난이 병존할 수밖에 없다는 것을 인정한다고 해도 풍요와 가난이 결국 자원 분배 방식의 불공정함에 기인한 것이라는 비판을 피하기 어렵다. 또한 풍요와 가난이 병존할 수밖에 없다는 입장은 마찬가지로 여유 있는 사람들로부터 자원을 강제로 빼앗아서 그것을 절실하게 필요로 하는 사람들에게 가능한 한 빨리 양도해 주는 단순하고 명백한 방법에 따라 불평등이 즉각 시정되어야 한다는 비판을 피하기 어렵다. 그러나 만약 굶주림이 마땅히 시정되어야 할 나쁜 것임을 다른 사람의 풍요와 관계없이 다룰 수 있다면, 그것은 의무감을 가지고 직접적으로 다루어야 할 정의의 문제가 아니라, 아무 의무가 없는 자비의 문제가 된다. 부유하건 아니건 모든 사람들은 자비로워야 하며, 곤궁한 사람들을 도와야 한다. 그러나 이 관점에서 보면 우리에게 곤궁에 빠진 사람들을 도와주어야 하는 의무가 있는 것은 아니다. 자선 행위는 칭찬받아 마땅하지만, 그러한 일을 하지 않았다고 해서 비난받지는 않는다. 완전 의무는 아니지만, 곤경에 처한 다른 사람들에게 때때로 자선을 베푼다면 우리 자신이 유덕하고 인정 많은 사람으로 여겨질 수 있을 것이다. 학술 용어로 말하자면, 이 경우에 조건 없이 불의를 시정해야 하는 완전 의무가 조건에 따라 스스로 선택하여 지켜야 하는 불완전 의무(조건부 의무)로 변형된다.*

---

* 완전 의무(perfect duty)와 불완전 의무(imperfect duty)는 칸트에 의하여 구분된 것이다. 완전 의무는 자신의 윤리학적 근거로 내세운 기분이나 상황에 따라 좌우되지 않는(no exception in favour of inclination) 필연적 이행 의무(necessary duty or strict obligation)를 가리킨다. 이에 반하여 불완전 의무는 상황에 따라 좌우되기도 하면서(contingent duty) 자기 자신의 이익 추구에 관련된 의무(meritorious duty)이다. 전자의 예로서 자살을 하지 않는 것, 약속을 어기지 말 것 등이 있고, 후자의 예로서 자기 개발과 타인을 돕는 행위가 있다. 이 두 가지 의무를 자기 관련(self-regarding)－타인 관련(other-regarding)으로 구분하면 네 가지 경우가 나온다. 이를 표로 나타내면 다음과 같다.

	완전 의무	불완전 의무
자기 관련	자살 방지 의무(no suicide)	자기 개발 의무(self development)
타인 관련	약속 이행 의무(no breaking promise)	타인 돕기 의무(helping others)

완전 의무는 소극적 의무(negative duty)이고, 불완전 의무는 적극적 의무(positive duty)에 상응한다. 그리고 이는 권리이론에서 소극적 의무와 적극적 의무의 상관관계로서 소극적 권리와 적극적 권리의 성립에 논거를 제공한다.

평등에 관한 이러한 논점은 세상에서 부의 분배 방식에 있어서 한쪽에 어차피 궁핍이 존재할 수밖에 없다는 단순한 감정적 반응이 아니라, 박탈과 궁핍을 막을 수 있도록 사회·경제적 제도를 바꿀 수 있는데도 그렇게 하지 못하는 사회·경제적 구조에 대한 분노를 야기한다. 전체적으로 세상 자원에 대한 불평등한 분배가 지속되는 한, 생존적 필요를 요구하는 사람들보다 변덕, 쾌락 그리고 겉치레에 의해 움직이는 여유 있는 사람들의 가치 체계가 영향력을 떨치게 된다. 이러한 점에서 목하 문제는 단지 가난의 문제가 아니라, 부의 불평등은 마땅히 인간 존중의 문제를 포함하는 불평등의 문제이다. 왜냐하면 어떤 사람들은 생존적 필요에 매인 까닭에 글자 그대로 상대적으로 인간적 고려를 덜 받는 존재로 여겨질 수 있기 때문이다.

불평등은 경제적 번영에 필수적이다

평등에 반대하는 사람들은 부와 권력에 어떤 차이도 존재하지 않는다면 종국에 가서 경제활동은 멈춰 서게 될 것이라고 주장한다. 개인이 재화에 심혈을 기울이도록 동기를 부여하려면 유인가가 필요하다는 것이다. 이 주장을 따르게 된다면, 부자가 부유하지 않게 되는 경우에 가난한 사람은 이에 비하여 훨씬 더 가난해질 것이다. 만약 부를 창출하는 '재능을 가진' 사람에게 더욱 풍족해지도록 보상해 주지 않는다면, 어떻게 그들이 부를 창조하기를 기대할 수 있겠는가? 만약 노동자들이 일을 하지 않아도 궁극적으로 궁핍의 위협으로부터 보호받는다는 것을 알고 있다면, 어떻게 그들이 일에 몰두할 것이라고 기대할 수 있겠는가? 이것은 아마 냉엄한 경제 현실이어서 이 분야의 전문 식견이 없는 사람들이 도전하기 망설일지도 모른다. 그러나 사실 이것은 인간의 동기와 가치에 관한 논의일 뿐이다. 이 주장은 기존의 불평등을 받아들이는 것이며, '부를 창조하는' 힘을 지닌 사람들이 상당히 잘사는 사회에서만 통하는 주장이다. 분명 이 사회에서 잘사는 사람들은 안전이 이미 확보되어 있기 때문에 궁핍의 위협에 내몰리지는 않는다. 반면에 풍요에 대한 전망이 가난한 사람들을 고무시켜 주는 것도 아니다. 왜냐하면, 높은 생산성으로 인한 이득이 너무 편향적으로 분배되어 특별한 차이를 가져오지 않을 만큼 미미할 뿐만 아니라, 일이 잘 풀려서 설사 이득을 얻는다 해도 그 혜택이 지나치게 골고루 퍼지게 되어서 별다른 부의 상승을 가져다주지 않기 때문이다. 보다 잘살게 된다는 것은, 우리가 다른 사람의 서비스와 상품 구매에 있어서 다른 사람들보다 유리한 경쟁력을 확보한다는 의미를 갖는다.

비록 우리가 경제적 동기에 일차적 중요성을 부여한다고 해도, 노동자와 경영자가 왜 그렇게 명백하게 서로 다른 방식으로 동기부여가 되는지 분명하지 않다. 또한 부를 생산하는 데 필요한 의사결정 권한이 왜 이미 잘살고 있는 사람들의 손에 달려 있어야 하는지를 설명할 만한 충분한 이유가 없다. 사실 빈곤이 지속되어야 할 이유는 오직 그것을 참고 견뎌야 할 가난한 사람들 때문이라는 것밖에 별다른 이유를 대기 어렵다. 그러나 다른 한편 영국 산업계의 경영 사정이 근래에 와서 그 이전보다 더 좋지 않다고 한다면, 이로 인한 위기감은 실업이 육체노동자에게만 해당하는 문제가 아니라 관리직에게도 영향을 미치는 문제라는 점 때문에 더욱 부각된다. 실직 공포에 의한 동기부여는 경영자가 고용인보다 실질적으로 더 큰 물질적 보상을 받는다는 사실과 아무 상관없이 효과적일 수 있다.

그러나 유인가로서 경제적 불평등을 지지하는 논거에 대한 보다 근본적인 반론은 불평등이 경제적 이득을 가져오는 유일한 동기가 아니라는 지적이다. 경제적 불평등이 유인가로 작용할 가능성이 있지만, 그것은 경제학자가 증명하거나 또는 증명할 수 있는 문제가 아니다. 합리적인 개인들이 자신의 경제적 이득을 증진하는 방향으로 행동할 것이라는 것은 하나의 학문으로서 경제학의 기본 가정이다. 불행히도 이 이론적인 가정을 종종 하나의 사실 진술로 또는 하나의 처방으로 간주함으로써, 다른 동기에 따른 행동은 '비합리적'이라거나 심지어 감상에 젖은 무책임한 것으로 간주해 버린다.

최근 들어 심지어 영리를 추구하는 기업 경영에서도 경제적 이득을 동기로 활용하고자 하는 과학적 관리 이론에서 벗어나려는 움직임이 있다는 것은 중요한 논점이다. 그 대신 현대 경영이론은 사람들이 스스로 얼마나 열심히 일하느냐를 결정하는 인간관계와 집단 규범의 중요성을 부각한다. 그 대안으로 욕구 충족과 자발적 동기가 하나의 설명 요인을 제공한다(Handy, 1985: 26-34). 만약 그러한 동기들이 효과적이라면, 불평등이 없는 상황에서 사람들이 무기력해지고 경기가 침체될 것이라는 주장은 신빙성이 없어 보인다. 만약 효과가 없다면, 영리를 추구하는 일류 기업들이 그것을 이미 심각하게 취급하지 않을 것이다. 심지어 부가적 노력이나 부가적 재능에 대하여 지급되는 소정의 금전적 추가 보상이 어느 정도 효과를 낸다고 할지라도, 현재 세상에 광범위하게 존재하는 부의 불평등과 빈곤이 필연적인 것이라는 주장은 성립하지 않는다.

평등은 분위기를 침체시키는 강압적 기제다

평등 사회 실현에 대한 노력은 보다 살맛 나지 않는 사회를 만들 것이라는 주장이 종종 제기된다. 그러한 사회가 아마 단조로운 순응체제와 자유를 파괴하는 강압적 체제의 희생물로 전락할지도 모른다는 주장이다. 노예제도를 가진 아테네와 구체제하의 프랑스가 예술과 지성이 번창한 불평등 사회였다는 점이 종종 언급된다. 그러나 이를 입증할 만한 확정적 개별 사례는 없다. 노예제도가 있었던 스파르타와 남아프리카공화국은 문화적으로 뛰어난 나라가 아니다.

보통 사람들의 범속함을 경멸하며, 가난한 사람들을 측은하고 음울하고 생계에 매달리는 사람이라고 생각하는 부자들이 어디에나 존재한다는 것은 의심할 여지가 없는 사실이다. 생계유지의 필요로부터 벗어나서 약간의 여윳돈이 생기면 사람들은 매력적인 여가활동이나 여행, 갖고 싶은 물건을 구입하거나 기발한 일에 탐닉하게 된다. 그러나 부자들만이 이 같은 흥미로운 일을 하면서 사는지, 아니면 부자들만이 공유하는 관심과 공통 경험이 있어서 그러한 인생의 재미를 맛보고 사는가는 분명하지 않다. 부자 아닌 사람이 따분하게 살아가야 하는 현상이 생계유지 정도의 수입이 가져다주는 필연적 결과인지, 아니면 이들이 유복한 사람들에게는 면제된, 불평등 사회의 특징인 초과 수익을 얻기 위한 경쟁에 몰두하여 다른 여유를 즐길 수 없게 된 결과인지 분명하지 않다. 만약 불평등 사회에서는 오직 부자만이 인생의 재미를 느끼면서 살 수 있도록 만들어 주는 것들을 손에 넣을 수 있다면, 이는 그러한 기회를 제거할 이유가 아니라 골고루 모든 이들에게 분배해야 할 또 다른 이유가 된다.

어느 경우이건 인생에 재미를 주는 요인을 불평등 사회가 야기하는 필요악으로 간주하는 것은 어색한 일이다. 무엇보다도 자신의 삶이 따분해지기 전에 우선은 재미있는 삶을 영위하려 한다. 평등 사회의 실현이 전체주의적이고 억압적일 것이라는 생각은 사람들이 '본질상' 재능과 능력 면에서 서로 다르며, 이 개인차를 없애기 위해서 상당히 많은 강제력이 동원되어야 한다는 가정에 기초한다.

부분적으로 이 주장은 '평등'과 '동일'을 혼동하고, 평등주의자를 동일함을 원하는 사람으로 치환하는 오류를 범하는 것이다. 그러나 사실 평등 사회의 실현을 원하는 사람이 개인 간 재능의 다양성 때문에 고민하거나, 심지어 이 다양성이 가져올 보상과 승인에 따른 당연한 차이를 가지고 고민해야 할 필요는 전혀 없다.

보다 관심을 가져야 할 것은 자신만의 뛰어난 능력과 남다른 노력에서 비롯된 부와 권력의 차이가 세대 간에 전수되는 것보다 당대에 체계적으로 확대되도록 하는 것이다. 남들보다 더 부유하거나 더 권력을 가진 사람은 그들을 대함에 있어서 보다 유리한 협상 고지를 차지하기 쉽다. 그는 보다 큰 압력을 행사할 수 있고, 보다 많은 호의를 베풀 수 있다. 사회적 평등에 헌신하는 사람이 갖는 핵심 사안은, 부와 권력의 차이가 광범위하게 영향을 미치게 되면 그 영향은 개인이 경주하는 노력에 따른 차이에 의하여 따라갈 수 없을 정도로 삶의 질, 삶의 선택, 심지어 삶에 대한 기대(Honderich, 1976: 1–44)마저 판이하게 만든다는 사실이다.

그러한 차이를 '자유'를 통해서 얻어지는 수확이라고 말하는 것은 어이없는 일이다. 불평등이 만연한 사회에서 가난한 사람들은 끊임없이 부자들의 취향과 의도에 따라 일하게 되며, 자신이 필요로 하는 것을 얻기 위하여, 또는 심지어 생존을 위하여 경멸과 굴욕은 물론이거니와 부자들의 제재에 끊임없이 복종하지 않으면 안 될 처지에 놓인다. 물론 평등 사회에서 누릴 수 있는 것보다 더 많은 자유를 누리는 사람이 있을 수도 있다. 그러나 쿠퍼가 제시한 중요한 구분을 받아들인다면(Cooper, 1980: 53), '자유를 신장시키는 것'을 정치적 이상으로 신봉하는 사람은 통상적으로 '몇몇' 사람이 그 이전의 '어느 누구'보다도 더 자유롭게 되는 자유의 존재론적 증가 방식보다는 보다 많은 사람들이 그 이전에 가장 자유로웠던 사람이 누리던 방식으로 자유를 누리는 자유의 분배적 증가* 방식을 원한다. 몇몇 사람이 그 이전의 어느 누구보다도 더 자유를 누리는 존재론적 증가 방식의 이상은 실상 불길한 재앙이 될지도 모른다.

불평등은 또 다른 방식으로 폭력과 사회불안과 같은 바람직하지

---

* 존재론적 증가(an ontological increase), 분배적 증가(a distributional increase)

못한 사회적 결과뿐만이 아니라 보다 많은 자유를 누리게 하기보다는 오히려 더 많은 강제를 낳게 마련이다. 불평등을 옹호하는 사람들은 평등주의 실현이 시기심에서 유발된 것이라고 주장한다. 이 주장을 옳은 주장이라고 가정하고, 시기심이 건전한 정서가 아니라고 치자. 그러나 이 사실이 불평등을 지지해 주지는 않는 것 같다. 왜냐하면, 부와 권력을 실제로 과시하지는 않는다 해도 그 영향력이 엄연히 큰 불평등 사회에서 시기심은 정당화되지 않지만 매우 자연스러운 것이기 때문이다. 평등한 사람들 사이에서 시기심이 생길 까닭이 없다.

가난한 사람들은 잘사는 사람들에게 시기심만을 갖는 것이 아니라, 개별 범죄나 집단 혁명을 통하여 부자들의 소유물을 손에 넣을 길을 모색하기도 한다. 가진 자들이 무엇을 가지고 있는지를 못 가진 자들이 쉽게 알아낼 수 있는 현대사회에서 특히 불평등은 사회불안을 끊임없이 자극하고, 많은 경우에 사회불안의 가장 큰 요인이 된다. 결과적으로 불평등은 특권을 가진 자들의 이익과 재산을 보호하는 장치에서 나온 필연적 결과이며, 동시에 억압의 장치가 된다. 그 제도적 장치로 부유한 시민의 재산을 도난과 약탈로부터 보호하기 위하여 경찰력이나 사적으로 고용된 경비업체가 있을 뿐만 아니라, 골치 아픈 지역의 주민들을 봉쇄하기 위하여 최루가스와 경찰봉, 심지어 화기로 무장한 폭동 진압 병력이 동원되기도 한다. 불평등이 자유를 신장시키는 것보다 더 많은 억압을 가져온다는 사실은 불평등한 통치체제를 가진 동서양 어디서나 볼 수 있는 너무나 명백한 일이다.

이와 같은 사실이 교실 상황과 전혀 관계없는 것처럼 생각된다면,

이 생각은 학교교육이 운명적으로 부유하고 영향력 있는 자리를 차지할 사람과 그렇지 않은 사람을 변별하는 중요한 역할을 수행한다는 생각을 잉태시킨다. 학교만이 유일하게 이러한 역할을 수행하는 것이 아니다. 가정과 지역사회가 한층 더 큰 영향력을 가질 수도 있다. 가정과 지역사회가 개인의 능력과 기질의 차이를 근원적으로 드러내기도 한다. 그럼에도 가정과 지역사회에 비하여 학교는 학교 조직과 교육과정 그리고 교육정책에 의해 이러한 차이를 조성하고 확대시킨다. 그러나 학교는 그 차이를 피하는 방향으로 의도적인 조치를 취하는 교육 목적을 설정할 수 있다.

최근에 이루어진 학교 조직의 여러 가지 변화가 바로 이러한 차이의 조성과 확대를 막으려는 의도를 반영한 것이다. 평준화 교육* 시행, 혼합 능력 집단**의 수업방법 모형 개발 노력 그리고 공통 중핵 교육과정 구성이 그 사례이다. 교육에서 배타적이고 사적인 영역을 철폐하려는 시도가 바로 이것이다.

이러한 정책은 평등 정책을 비난하는 사람들이 흔히 주장하는 '평등을 강요하기 위한 것'이 아니라 기존의 불평등이 확대되는 것을 막기 위해 취해진 조치라는 점에 유념할 필요가 있다. 이 점에서 평준화 교육으로의 이행은 그 자체가 일종의 '사회공학'이라기보다는 개인의 장래 운명을 결정짓는 것을 주 기능으로 하는 이전의 사회공

---

* comprehensive education: 영국 노동당 집권기에 만들어진 종합학교(comprehensive school)를 근간으로 한 일종의 학교 간 평준화 교육정책.
** mixed ability group: 능력별, 성별, 기타 요인에 의한 학급 편성에 반대하여 학업 능력 등을 혼합하여 놓은 학생 배정 방식.

학이라고 할 삼분할체제*를 제거하기 위한 것이다.

오히려 교육의 사적 영역에 속해 버렸다고 해야 할 문법학교**는 흔히 학생들에게 학업성취뿐만 아니라 보통 사람들과 아주 다른 행동 양식, 복장 및 어투에 대한 학습은 물론이고, 다른 사람들이 웬만해서는 따라잡을 수 없는 교과목을 가르치는 데 열정적이다. 문법학교나 사립학교***에서 교육받은 사람들은 심지어 노년에 이르러서도 그들의 능력 때문이 아니라 말투와 행동 양태 때문에 쉽게 눈에 띈다. 비록 그들 스스로는 특권 의식이 없다고 해도 그들이 흔히 특별 대접을 받아야 할 자격이 있는 사람으로 빈번하게 인식되는 것은 지나친 과장이 아니다.

현대 외국어와 라틴어 같은 특정 교과목 학습은 미래 직업이나 대학 수학 시에 사용할 가능성이 없는데도 종종 교육적 또는 직업적 여과 장치로 작용한다. 문제의 핵심은 이 특정 교과목의 학습으로 인한 능력과 학업성취의 차이가 사회적 차별을 가능하게 하는 가식적 기

---

* the tripartite system: 1944년 「교육법」에 의하여 정립된 세 가지 형태—문법학교 (grammar school), 기술학교(technical school), 현대학교(modern school)—의 복선형 공립 중등학교 체제. 만 11세에 초등학교를 졸업하면 이 세 학교 중 한 학교를 진학하게 되지만, 이는 곧 학생의 장래 진로를 결정하게 됨을 의미한다.

** grammar school: 대학 진학을 목표로 하여 주로 비직업적인 교과목을 가르치는 공립학교.

*** public school: 영국의 사립학교. 대개는 기숙사 시설을 가진 학교(boarding school)이며, 학비가 매우 비싸서 상류층 자제가 주로 다닌다. 우리나라나 미국과는 달리 사립학교를 'public school'이라고 하는 것은 지역 단위로 학생을 모집·선발하지 않고, 전 지역에서 온 지원자를 받아들인다는 의미 때문이다. 여기서 'public'은 '개방된(open to everyone)'이라는 뜻이다.

제*로 기능한다는 점이다. 비슷한 방식으로, 합격 여부만 중시되는 CSE**에 대치된 과거의 O-level 시험에서 볼 수 있듯이 여러 시험 성적이 오히려 평준화된 종합학교의 학생들을 집단별로 변별해 주는 기능을 한다. CSE 시험은 사립학교에서는 사실상 한 번도 시행되지 않았다는 점도 특이하다. 심지어 O-level 시험에 통과할 가망이 거의 없는 부적합한 학생에게도 CSE는 시행되지 않았다.

평등을 교육 목적으로 삼는 교사는 학교의 그러한 정책과 실제를 알고, 교육정책의 사회 분할 효과를 감쇄시키는 일에 헌신해야 한다. 그러나 학생 간의 차이를 조장하고 확대하는 것은 단지 이와 같은 중요한 제도 차원의 문제만은 아니다. 어떤 학생들이 여타의 학생들보다 더 높게 평가되어 이에 따른 대접을 받는 것이 마땅하며, 경쟁을 위하여 보다 나은 배려와 지원이 필요할 경우에 이들이 마땅히 보호되어야 한다는 인식을 심어 주는 방식도 여러 가지가 있다. 여기에는

---

* shibboleth: 국적이나 사회 계급 등을 판별하는 특징을 이루는 말투나 말버릇을 지칭하는 말. 'sh[ʃ]' 발음을 할 수 없었던 에브라임 사람(Ephraimites)을 길르앗 사람(Gileadites)과 구별하기 위하여 사용한 말로서 성경 사사기(12:6)에서 유래함.

** CSE(Certificate of Secondary Education): 중등교육을 받았음을 인정하기 위한 목적으로 시행하는 졸업시험. 원래는 대학교육을 받을 수 있는 자격이 있음을 인정하기 위한 목적으로 시행하는 중등학교 졸업시험인 GCE(General Certificate of Education)를 대체하여 1965년부터 1987년까지 실시되었다. GCE는 중등학교 과정을 이수 여부에 관심을 갖는 O-level(Ordinary Level)과 대학 입시에 필요한 A-level(Advanced Level)이 있다. 이 중 GCE의 O-level이 CSE로 대치된 것이다. 1988년 CSE는 당시 보수당 정부에 의하여 GCSE(General Certificate of Secondary Education)로 대치되었다가, 2012년 노동당 정부에 의하여 다시 GCE O-level로 환원되었다. 어느 경우에도 대학진학을 위한 GCE A-level은 존속한다. 또 이 책(1988년 출간)을 집필할 당시에는 GCSE가 없었으므로 이에 대한 언급이 이 책에는 없다.

학급 배치와 담임 배치, 도서 및 교구 구입 비용의 배분 그리고 교실에서 이루어지는 교사의 반응 및 교사와의 상호작용 내용이 포함된다. 또한 교사들이 수행하는 일상적 언어, 즉 상-중-하 또는 A-B-C와 같이 '향상', '퇴보'의 등급을 나타내는 말이 포함된다. 교사의 언어에는 누구의 어떤 과목 성적이 향상되어 인정받았으며, 또 누구의 성적이 반대로 하락했다는 메시지도 전달된다.

평등에 관심을 갖는 사람이 이 사안을 취급할 때 당면하는 문제는 이 사안을 사소하거나 하찮은 것으로 생각해 버린다는 점이다. 예컨대, 학급 이름이 1A와 1D 대신에 1학년 존스(Jones) 선생님 학급, 1학년 스미스(Smith) 선생님 학급을 뜻하는 1J와 1S로 바꾸게 되면 대개 일을 그르친다거나 사안을 은폐한다는 비판을 받는다. A, B, C라는 기존의 능력별 학급편성이 사회적 실체가 아닌데도 학교는 학급 명칭의 변경에 대하여 '현실'을 외면한다는 비난을 받을지도 모른다. 그렇지만 가치관을 가르치는 명시적인 노력에 앞서 우리의 가치관을 매개하고, 학교의 풍토를 만들어 내는 암묵적인 요인들이 있다. 평등 문제에 있어서 이와 같은 정서가 매우 중요하다. 왜냐하면, 이와 같은 정서가 특권층이 자신의 권리로 요구하는 이익과 복종의 정도와 대다수 사람들이 이에 대하여 어느 정도까지 합리적이고 적당하다고 인정하는지를 결정하기 때문이다.

가치는 수업을 통해서 명시적으로 전달되기보다는 학교의 전반적인 풍토를 통해서 더 효과적으로 형성된다. 학교가 도덕교육을 통하여 전달하고자 하는 가치가 무엇이건 간에 평등이 중요한 가치로 인식되는 것만은 사실인 듯하다.

직접적인 훈계는 세련되지 못한 비효과적인 방법이지만, 학교는 젊은이들에게 가르치고자 하는 상충된 사회적 가치를 제외하고, 용기, 자발성, 경건, 근면 또는 애국심을 도덕교육의 일환으로 가르치는 데 주저해서는 안 된다. 평등 실현을 위해서 지속적으로 투쟁하고 죽음마저도 마다하지 않는 사람들은 젊은이들이 평등의 가치를 인정하고, 이들을 위해 헌신할 만한 일이라는 점을 알려 주고 싶은 것이다.

여기서 평등 실현을 위하여 정치적 가치의 교화*를 권장하고자 하는 것이 아니다. 평등이 가장 근본적인 가치이며, 또 학문적 논의를 떠나서라도 우리 사회에서 널리 인정해야 할 가치 중의 하나인, 평등을 가르치는 데 반대하는 사람은 사회적 통념에서 벗어난 사람이다. 어떤 정치가도, 심지어 남아프리카공화국**을 제외한 극우파 정치가라도 공개적으로 평등에 반대하는 발언을 하지는 못할 것이다. 불평등한 정책을 제안하는 사람들은 경제적 기반의 확충과 같은 다른 가치를 내세우거나, 불평등 정책이 종국에 가서 모두에게 이익이 되는 평등실현 정책이라는 것을 우회적인 방법으로 보여 주려고 할 것이다.

여기서 논점은 평등의 가치가 비판받거나 도전받아서는 안 된다는 것을 지적하고자 하는 것이 아니다. 평등과 평등에 대한 대안적 가치에 관한 토론은 보다 열정적이고 비판적일수록 더욱 좋기 때문이다.

---

* indoctrination

** 남아프리카공화국이 평등 논의에서 자주 언급되는 것은 인종차별정책(Apartheid)이 이 책이 출간된 당시만 해도 큰 쟁점이었기 때문이다.

만약 사회적 평등에 대한 강한 욕구가 그 자체로서나 도덕적으로 바람직하며, 교육 현장을 합당한 방법에 의하여 실제로 증진시킬 수 있다면, 남은 문제는 평등이 일반적으로 인정되는 다른 교육 목적과 어떤 갈등을 일으키는지를 생각해 보는 것이다.

평등이 '동등'으로 해석되지 않는 한, 모든 사람이 평등하게 존중되는 사회를 만든다는 교육 목적이 앞서 살펴본 개인에게 직접 이익이 되고, 개인의 발달을 촉진하는 교육 목적과 상치된다고 보아야 할 이유는 없다. 오히려 이와 같은 교육 목적은 부자와 가난한 사람이 각자의 신분에 적합하다고 생각되는 방식으로 학교교육을 받아야 했던 과거의 불평등 사회에 필요했던 교육보다는 평등 사회에 더 적합하고 더 잘 어울린다. 오직 타인에게 자신의 우월성을 과시하거나 그들을 권력으로 지배하려는 데서 행복과 성취를 발견하는 사람들만이 평등과 상호 존중의 교육 목적이 자신의 개인적 발달을 방해한다고 여기기 쉽다.

이와 같은 평등 교육이 각 개인의 자율성 발달이라는 교육 목적과 갈등을 일으킨다고 보기 어렵다. 오히려 자기 자신을 존중하는 것과 똑같이 다른 사람들을 존중하는 것이 합리적으로 정당화될 수 있다. 타인의 권위와 우월한 힘에 대한 전통적인 복종 또는 상급자를 기쁘게 해 주려는 아첨 욕구 등은 명백하게 자율성의 적이다. 이와 같은 경향을 거부하는 것은 자율적 인격의 필요조건이 된다.

적어도 고용주 입장에서 보면 자신이 다른 사람과 평등하다고 배운 사람은 아마 그렇지 않은 사람보다 좋은 일꾼은 아닐 것이다. 그러나 이 점도 전적으로 명백한 것은 아니다. 상대적으로 사회적 관계가 복잡해진 후기 산업사회에서 고용주들은 순종적이고 지시 의존적인 태도를 능동적이고 자기 주도적인 태도보다 더 낮게 평가할 수도 있다. 진취적인 많은 기관들에서 능동적이고 주도적인 태도를 기르기 위한 훈련 개발 프로그램을 고안하고 있다.

이 장의 앞부분에서 보았듯이, 평등 사회는 적어도 불평등 사회만큼 법과 질서에 의해 다스려지는 사회라고 생각해 볼 만한 이유가 있다. 또 평등은 다음 두 장에 걸쳐서 논의하게 될 정의라는 가치와 양립할 수 없는 것이 아니라는 점을 살펴볼 것이다.

일부 학자들이 주장하는 것처럼, 사회적 평등을 증진하는 교육 목적과 교육적 수월성을 존중하는 교육 목적 사이에 갈등이 존재한다는 점에 보다 심각한 주의를 기울여야 할 것이다. 몇몇 학자들은 교사가 인문 교과목과 인지 위주 교과목에 대하여 주의를 기울여야 하고, 학생들에게 이 교과목에서 고도의 성취를 이룰 수 있도록 특별한 조치를 강구해야 한다고 주장한다. 이 교과목들은 흔히 학생들이 높은 사회적 지위를 차지하는 데 필요하다고 여겨진 교과목들이다.

그러나 이미 살펴보았듯이, 평등을 주장하는 사람에게 교과의 가치 여부는 지적 성취의 차이가 아니라, 그 교과와 결부시켜 결정되는 보상 정도와 사회적 지위에 있어서의 차이에 있다. '우리가 무엇을 해야 한다'는 것은 의사결정의 문제이지, 논리나 필연의 문제가 아니다. 재능 있는 예술가와 학자들은 스스로 항상 자신의 능력이 물질적 보상이나 특권을 부여할 만한 것이 아니라고 생각하는, 극도로 겸손한 사람일 수 있다. 아닌 게 아니라 그들은 종종 예술과 학문의 내적 기준보다 외적 보상에 더 많은 관심을 갖는 동료들을 실제로 경멸하기도 한다. 자신의 재능이 가져다주는 명예와 외적 보상보다는 활동 자체의 수월성에 진지하게 헌신하는 사람이라면 누구나 이와 같은 생각을 가질 수밖에 없을 것이다.

어떤 활동의 성취에 가치를 부여한다는 것은 단지 특출한 개인이 이루어 낸 최고의 성취에 가치를 부여하는 것이 아니라, 활동의 시작과 과정에서 그러한 성취가 보일 때마다 그것이 최대한 이루어질 수 있는 가능성을 격려하는가를 헤아리는 것이다. 모든 학생이 이루어 낸 여러 가지 다양한 수월성에 가치를 부여한다는 것에는 논리상 모순이 있을 수 없다. 실제로 어떤 탁월한 성취의 초보 단계에서 그 가치를 평가하지 않으면서 어떻게 그 활동 전반의 수월성에 대한 가치를 평가할 수 있는지 이해하기 어렵다.

오직 논리적 필연성이 따르지 않는 교육 자원 배분 문제에서는 갈등이 야기될 수 있다. 모든 학생에게 과학 수업을 제공하는 것과 소수의 재능 있는 학생에게 최신 실험실을 제공하고 우수 교사를 배치하는 것 중에서 선택을 해야 하는 갈등이 있을 수도 있다. 후자의 정책이 종국에 가서 자멸적인 것이 아니라고 밝혀질 것이 확실한 이상, 그 정책을 실행하기 위해서 한정된 자원을 나누어야 하는 경우와 마찬가지로, 약간의 갈등이 불가피하다는 것은 인정해야 한다.

이 말은 평등이나 수월성 추구가 타당하지 못한 교육 목적이라는 뜻이 아니라, 단지 양자 중 하나가 배타적으로 선택되어서는 안 된다는 뜻이다. 두 가지를 모두 존중하는 사회는 틀림없이 교육 재화가 공정하게 배분되는 사회이며, 만약 그렇지 않다면 평등을 신봉한다는 것은 무의미한 일이 되고 만다. 그러나 이 두 가지를 존중하는 사회에서도 자신의 재능을 발휘할 기회가 특이하게 희생된 사람에게 예외적으로 약간의 자원을 따로 챙겨 줄 여지를 남겨 놓아야 한다. 이 경우 그 개인의 재능이 그 개인 자신의 물질적 이득에 관련되지 않고 사회 전반에 걸쳐 널리 이익이 되는 경우라면 이러한 예외는 더더욱 허용되어야 할 것이다.

비록 이러한 정책은 분명히 사회적 긴장을 불어넣을 만한 것임에 틀림없지만, 그렇다고 그 긴장이 평등과 수월성의 두 가지 교육 목적을 파괴할 만한 것으로 보기는 어렵다. 과거 소련 정부조차 평등의 원칙에서 벗어나 뛰어난 발레단원 모두를 인정하고, 적극적으로 이들을 지원하게 된 것은 아마도 이러한 생각의 연장에서 이해될 수 있을 것이다.

정 의

　'평등'과 '정의'가 동의어는 아니지만 이 둘 중에 정의가 결국 일
종의 평등 문제로 밀접하게 귀결된다는 것을 알 수 있다. 그러나 피
상적으로 보면 이 둘은 여러 가지 측면에서 구분되어야 할 점이 있
다. 두 사람이 실제로 평등하게 대우받는다는 것은 사실에 관한 진술
이지만, 그 상태가 바람직한 것인지 여부는 별개의 문제라고 말하는
것도 이 구분들 중의 하나이다. 그러나 만약 우리가 두 사람을 어떤
방식으로 대우하는 것이 정의롭다는 점에 동의한다면, 비록 정의의
기준이 무엇인지에 관하여 항상 논의를 전개할 수 있다고 해도 정의
그 자체에 대하여 더 이상의 정당화 논의가 필요 없다.

　최근에 정의에 관한 영향력 있는 두 주장이 대두되었다. 이 두 가
지가 함께 견지될 수 있는 것 같지는 않으며, 또 어느 한쪽도 교육에
주된 관심을 기울이는 것은 아니다. 그렇기는 해도 노직(Nozick, 1974:
149-231)과 롤스(Rawls, 1973)의 이론에 상당한 주의를 기울일 필요가

있다. 두 이론은 각기 든든한 논거에 입각하여 사회적 재화와 교육적 재화의 분배 논의에서 중요한 역할을 담당하기 때문이다.

정의에 관한 노직의 개념은 그것이 물질적 재화의 분배에 있어서 불평등을 가장 폭넓게 수용하고 있어서 교육적 목적 또는 사회적 목적으로서 평등의 증진에 반대하는 사람들에 의해서 지지된다. 노직에 따르면, 재화가 획득되는 공정한 방식은 다음 세 가지이다.

> (1) 어떤 사람이 남이 선점하지 않은 물건이나 '자연 상태'에서 물질을 취득하여 자신의 노력으로 그것을 유용하거나 가치 있는 물건으로 변형시켰을 경우(획득에 의한 정의)
>
> (2) 정당하게 소유하고 있는 재화를 소유자의 자발적 의사에 따라 타인에게 증여, 매도, 상속의 방법으로 양도하였을 경우(양도에 의한 정의)
>
> (3) 이전의 부당 행위에 대한 보상으로서 주어졌을 경우

이러한 정의 개념은 부와 권력의 불평등 관념과 조화를 이룬다. 어떤 사람들은 일련의 '정당한 양도'에 의하여 잉여분의 부를 축적할 수 있는 반면에 또 어떤 사람들은 자신이 필요로 하는 것을 자연 상태로부터 얻어 낼 수 없는 처지에 놓이게 된다. 노직에 따르면, 어떤 이는 풍족하게 사는 데 반하여 어떤 이는 굶주림에 허덕이는 경우가 있지만, 그것은 불행한 일이기는 해도 정의롭지 못한 것은 아니다.

조건이 아무리 불리해도 굶기보다는 자신의 노동을 '자발적으로' 제공하는 사람들을 고용하는 이들의 부를 더욱 증가시키는 사태

에 대한 방책이 아무것도 없다. 국가는 재산을 소유하지 못한 사람들로부터 '정당한 방법으로' 재산을 증식한 사람들의 재산을 보호하기 위한 방어와 치안 유지를 목적으로 적법하게 세금을 징수할 수 있다. 왜냐하면, 세금 징수는 재산을 소유하고 있는 사람들이 자신들의 이익에 부합하여 합리적으로 동의한 일이기 때문이다. 그러나 가난한 사람들의 복지를 제공할 목적으로 하는 세금 징수는 어느 경우에도 정의롭지 못하다는 것이 노직의 주장 중 중요한 부분이다. 이러한 시도는 정당한 방법으로 획득한 사람들의 재화를 그들의 의지에 반하여 빼앗아 가는 것이 되기 때문이다.

이 주장은 자연 상태에서 자유롭고 독립적으로 사는 합리적인 개인이 합의한 사회가 정의로운 사회라고 규정하는 17~18세기 자유주의적 자연권 이론이 다시 부활한 것처럼 보인다. 이 이론은 개인들의 정의롭지 못한 행위를 정의롭지 못한 상태의 기본 가정으로 여긴다는 것, 이를테면 사람들로 하여금 그들의 동의 없이 무엇을 하게 하거나 무엇을 빼앗는 행위를 정의롭지 못한 결과를 야기하는 것으로 가정한다. 그러나 정의롭지 못함이 이런 방식으로 유일하게 나타나는 것은 아니다. 만약 내가 어떤 사람에게 말을 하지 않기로 했다면, 그것은 정의롭지 못한 것이 아니다. 나는 내가 원하지 않는다면 어느 누구에게도 말해야 할 의무가 없다. 다른 사람들도 이와 꼭 같은 주장을 할 수 있을 것이다. 그러나 만약 모든 사람이 개별적으로 그렇게 할 권리가 있다고 해서 특정한 한 사람에게 말하기를 거부한다면 그 당사자는 자신이 집단 박해의 희생자라고 정당하게 주장할 수 있다.

둘째, 자연권의 전통에 따르면 재산은 가장 먼저 '자연 상태'로부터 무엇인가를 취하고, 그다음에 거기에 '자신의 노동을 혼합함'으로써 획득된다. 이 경우 자연 상태의 물건을 가치 있는 재산으로 바꾸어 놓은 것은 그 사람의 노동이기 때문에, 그 재산은 적법하게 그 사람에게 귀속된다. 그러나 이 이론의 중요한 단서는 '충분하고 다른 모든 사람들이 공유할 수 있는 좋은 것이 남아 있을 경우'(Locke, 1689/90, II.5.27: 239)에 한해서 자연 상태로부터 재산을 취할 수 있다는 점이다. 로크와 전통적 로크 지지자들은 세상의 자원이 유한하다는 점을 별로 고려하지 않았다. 그렇지만 20세기에 가난한 이들이 자신들의 노력으로 스스로를 부양하는 데 필요한 것들을 '자연 상태'로부터 얻을 수 없다면, 그것은 취득할 만한 가치가 있는 대부분의 것들을 이미 남들이 가져가 버려서 남아 있는 것이 별로 없기 때문이다. 따라서 가난한 이들의 처지는 자연 상태로부터 좋은 것을 필요 이상으로 가져가 별로 남겨 놓은 것이 없기 때문에 저질러진, 적어도 정의롭지 못한 행위로 빚어진 결과이다. 그러나 어떤 행위가 정의롭지 못한 행위인지 개별적으로 확인하기 어렵고, 현재 소유자들 대부분은 그들이 적법한 양도 행위를 통해 재화를 취득한 것으로 보이기 때문에, 가난한 이들이 정당하게 되돌려 달라고 요구할 수 있는 상대가 없다. 노직은 이 문제를 인식하고 논의한 바 있지만, 이 문제를 해결하는 데 성공하지 못했음을 인정한 듯하다(Nozick, 1974: 178-182).

셋째, 노직은 또한 자신이 기술한 정의로운 과정이 실제 세계에서 일어나는 재화의 분배 과정을 거의 설명하지 못한다는 점을 인정하고 있다(Nozick, 1974: 152). 그의 핵심 사안은 '정의'를 자신의 방식대로 이해하고자 한다면, 어떠한 평등주의적 재분배 또는 여타의 '유형화된' 재분배도 결코 정의롭지 못하다는 점을 보여 주는 데 있다. 그렇다고 해서 그가 이러한 재분배가 과거의 이런저런 종류의 정의롭지 못한 행위 및 유리한 협상 고지에서 일련의 착취가 교묘하게 얽힌 정의롭지 못한 행위에서 비롯된 현재의 분배 방식보다 더 정의롭지 못하다는 점을 보여 준 것도 아니다(Wringe, 1981b: 72~73 '불평등 계약' 참조). 말할 것도 없이, 노직은 정의에 대한 자신의 주장이 반드시 현재의 분배 방식과 필연적으로 관련되는 것은 아니라고 수긍함으로써 자신의 분배 방식을 고수하는 사람들이 반대자들로부터 노직 자신의 명성을 지켜내지 못하도록 만들었다.

정의의 개념에 관한 또 다른 영향력 있는 주장을 한 사람은 롤스(Rawls, 1973)이다. 그는 정의 사회란, 합리적인 개인들이 자신이 선택할 사회에서 자신이 차지하게 될 위치가 무엇인지 모르는 상태에서 만드는 사회라고 규정하였다. 그의 주장은 합리적인 사람이라면 가장 혜택이 없는 자리를 차지하는 사람이 자기 자신이 된다고 할지라도 자기가 지나치게 나쁜 자리를 배당받은 것은 아니라는 점을 인식할 수 있는 사회를 선택할 것이라고 가정한다. 사실 롤스의 주장은 사회에서 가장 혜택받지 못하는 사람이 가능한 한 유복하게 되는 사회제도의 구축에 초점이 맞춰져 있다. 합리적인 사람이 취미, 성향과 재능을 포함한 자신의 입장이 어떤 것인지 몰라야 한다는 주장은, 말하자면 자신의 선택이 개인적 이익에 대한 고려에 의해 결정되는 것을 허용하지 않는 불편부당한 사람이 선택하는 사회가 정의 사회라는 것을 주장하기 위한 롤스만의 표현 방식이다. 사회에서 재화와 이익의 분배 방식을 선택해야 하는 사람은 자신의 몫이 어떤 것인지 몰라야 하며, 자기 몫이 가장 나쁜 것일 수 있다는 두려움마저 가지게 된다는 점을 강조하는 것은 부모가 자기 자식들에게 '공정하게 나누어 갖기'를 가르치는 방식과 비슷하다. 케이크와 과일을 자르는 아이는 자기 몫을 맨 나중에 받기 때문에, 그 아이는 가급적 똑같이 나누어 가지려는 동기를 부여받는다.

그러나 롤스의 이론은 평등을 위한 주장이 아니라 사회 전체의 불평등이 실제로는 가장 운 없는 사람들에게 이득이 될 수도 있다는 근거를 가지고 불평등과 업적주의를 정교하고 복잡한 논의를 통하여 정당화한 것이다. 이를 입증하는 경우는 기업의 생산 장려금 제공에서 찾아볼 수 있다. 현재 생산성이 가장 낮아서 보상을 가장 적게 받는 사람이 비록 다른 동료들보다는 적게 받는다 할지라도, 평등주의의 잣대에 따라 능률에 관계없이 받게 되는 것보다는 더 많은 보수를 받게 하여 생산성을 전반적으로 향상시켜 주는 경우가 이에 해당한다. 이 점에서 롤스에게 정의 사회란 반드시 평등 사회라기보다는, 불평등이 가장 못사는 사람들에게 이익이 될 수 있다면 불평등을 허용하는 사회이다(Rawls, 1973: 60).

합리적인 개인은 심지어 자신이 사회의 가장 못사는 축에 속한다 할지라도, 불평등 사회의 가장 못사는 사람들이 모두가 더 못사는 평등 사회보다는 불평등하지만 전반적으로 잘사는 사회를 선택할 것이라고 롤스는 주장한다. 물론 만약 당신이 불평등 사회체제에서 혜택을 못 받는 구성원의 불평에 대해, '이보게, 만약 당신이 불평등한 처지를 받아들이지 않는다면, 당신은 지금보다도 더 못살게 될 것'이라고 했을 경우, 그도 현재 상태를 잠자코 받아들일 수밖에 없어서 현재 상태가 아무 문제없는 것처럼 간주할지도 모른다. 그러나 이것은 사실상 정치가들이 특별히 잘살지 않는 사람들에게 '경제 기반 구축'을 위해서 또는 임금 지급이나 사회 환원을 가능하게 해 주는 '부의 창조'를 위하여, 부자 담세 인하 정책, 임금 동결, 심지어 약간의 실업이 따르는 정책을 받아들이라고 요구할 때 하는 말이다. 그렇지 않으면 국가는 파산하여 모두가 굶어 죽게 될 것이라고 설명한다.

꼭 같은 주장이 경제 외적 영역에도 적용된다. 권위주의 정부가 혼란과 무질서가 발생하면 현재 가장 불리한 사람들만이 아니라 모두에게 이익이 되지 않는다고 주장하는 경우가 그것이다. 또한 절대 권력이 약화되면 아무도 좋아하지 않는 만인의, 만인에 대한 투쟁 상태에 빠져들기 때문에, 합리적인 사람이라면 절대군주제를 택하게 되어 있다는 홉스의 견해와도 상통한다.

그러나 롤스의 이론 옹호자들은 그의 이론이 극단적 불평등이나 불필요한 불평등을 옹호하는 데 그 취지가 있는 것이 아니라고 주장한다. 총체적으로 착취하는 사회 상황에서조차 기존의 사회구조를 철회하는 것이 가장 못사는 사람들의 형편을 더욱더 악화시키는 결과를 초래한다고 해도, 이 점이 기존의 모든 사회제도를 정당화해 주지 않는다. 고대 그리스의 화목한 가정에 복속된 노예는 절도와 야만적 행위를 하면서 사는 것보다 아마 더 나은 삶을 영위할 수도 있겠지만, 그렇다고 이 점이 노예제도를 정당화해 주지는 않는다. 왜냐하면, 이 노예가 유복하고 안전하게 살 수 있는 여타의 사회제도들이 많기 때문이다.

그럼에도 정의의 준거로 평등 원리를 포기해 버리고 나면, 롤스 식의 '정의로운' 상황이 어떻게 실현 가능한지 매우 이해하기 어렵다 (Richards, 1982: 152)는 치명적 약점이 롤스의 이론에 잔재한다. 기아와 예방 가능한 질병으로 사람들을 죽어 가도록 방치하는 총체적인 약탈의 경우처럼 극단적인 경우는 정의로운 상황이 아니라는 것은 틀림없다. 왜냐하면, 이러한 상황에서는 사람들의 처지가 더 이상 나빠지려야 나빠질 수 없기 때문이다. 과도한 욕심에 따른 지나친 사치와 독재자가 임의대로 저지르는 폭정도 못사는 사람들에게 이바지하는 바가 전혀 없기 때문에 정의로운 상황은 아니다. 그러나 이러한 경우에 정확히 불평등이 어떻게 정당화될 수 있는지를 밝힐 수가 없다.

특권층 사람들은 자신들의 특권이 자신들이 경제적으로 공헌한 결과이며 가장 못사는 사람들의 복리에도 기여하므로, 합리적인 인간이 선택하는 유명한 무지의 장막에도 부합된다고 사실상 주장한다. 이 주장이 실제적으로나 원리상으로 맞는지 여부는 판단할 방법이 없다. 왜냐하면, 특정한 평등 정책이 가장 못사는 사람들에게 이득이 되는지 해가 되는지 여부는 그 사회의 다른 것들이 변했는지 여부에 달려 있기 때문이다.

가장 못사는 사람이 누구이건 간에 그들에게 가장 이득이 되는 총체적인 조치만을 수용해야 한다는 롤스주의자의 주장은 그러한 조치의 실행 가능성을 보장하기 어렵기 때문에 그것만으로 실제적인 해결책이 되지 않는다. 이런 상황에서 롤스의 이론이 옹호하는 불평등은 그것이 의도하는 바를 달성하기 위하여 사회의 어떤 부분을 변화시켜야 할지 말아야 할지를 결정하는 가정에 기초하여야 한다.

다른 사회철학자들과 마찬가지로 롤스도 자신의 이론을 그럴듯하게 만들기 위해서는 인간의 본성과 삶에 관한 모종의 가정을 설정해야만 했다. 그 가정 중 하나가 인간의 능력에는 치환할 수 없는 상당히 항구적인 차이가 있으며, 그 차이를 효율적으로 발현시키기 위하여 차등 보상 체계가 필수적이라는 것이다. 그러나 롤스는 이러한 보상 체계가 특정 사회에서 재화의 전반적인 생산에 좋은 효과를 가져온다는 것을 보여 주지도, 또 보여 주려고 노력하지도 않았다. 혹자는 보상을 적게 받은 사람은 상당히 의욕을 상실할 것이며, 반면 특정 지위를 차지한 사람은 실질적 효율성을 희생하면서 시간의 대부분을 자신의 지위를 지키는 일에 소모하는 상황을 상상할 수 있을 것이다. 롤스 스스로 그다지 심각하게 취급하지 않았던 이른바 차등의 원리*는 자신이 주장하는 맥락과는 상당히 동떨어진 채 그럴듯하게 극단적으로 해석되기도 한다. 그것은 가장 못사는 사람들이 합당한 대우를 받을 기회가 가장 적은 사회질서만이 완전한 평등 또는 완전 평등에 가까운 사회질서가 될 것이라는 해석이다. 이 해석에 따르면, 롤스의 차등 원리에 의해 정당화되는 불평등은 하나도 없거나 또는 그다지 중요하지 않은 불평등만 정당화된다. 사람들은 야근이나 시간 외 근무로 소액의 과외 수입을 올릴 것이며, 심지어 특별히 수요가 많은 기술을 개발하여 소액의 보상을 받을 수도 있다. 개방적이고 상당히 평등한 사회에서 이러한 목적을 위해서 차등을 필연적인 것으로 인정해야 할 이유가 없다.

---

* difference principle: 가장 혜택이 적은 사람에게 가장 큰 이익이 돌아가도록 차등을 인정하는 불평등 원리.

오직 평등에 가까운 체제만이 롤스의 원리를 충족시킨다고 보는 이유는 다음과 같다. 만약 인간이 본성상 자신의 특수한 능력을 가지고 차등적 보상 체계가 상당히 주어져야만 사회적 재화의 생산성을 극대화할 수 있다면, 가장 영향력 있는 지위를 획득하는 사람이 가장 못사는 사람들에게 더 많은 보상과 혜택을 부여하는 호의적인 불평등에 동의할 것이라는 가정은 현실적으로 가능하지 않다는 것이다. 그 이유는 세상 어디서나 볼 수 있는 것처럼 가장 못사는 사람들이 대개 가장 무능하며, 또한 정치적으로 가장 힘없는 사람일 것이 확실하기 때문이다. 여기에 덧붙여서 앞에서 언급한 것처럼 롤스의 차등 원리가 가장 잘 작동하는 상황이 정확히 어느 상황인지를 결정하기 어렵다는 난점과 함께, 자신에게 이익이 될지가 의심스러운 상황에서 모든 사람이 이기심을 전적으로 포기하는 상황이 과연 관찰될까 하는 난점이 추가되며, 이런 상황에서 롤스의 차등 원리에 따른 불평등 사회가 실제로 가장 혜택이 없는 사람들에게 전반적으로 유리하게 할 수 있는지를 수긍하기도 어렵다. 오직 사회의 재화가 다소 평등하게 분배되어야 한다는 주장만이 사회가 배분할 재화의 총량을 증가시키고, 또한 실제적이고 정치적인 재능을 지닌 유능한 사람들이 운 없고 사회적 처세에 재빠르지 못한 사람들에게 손해를 입히면서까지 자기 몫을 늘리는 경우가 없도록 하는 두 가지 일을 가능하게 할 것이다.

물론 유능하고 좋은 보상을 받는 사람들이 이기적으로 행동할 것이라는 인간의 본성에 관한 냉철한 성찰에 동의한다. 그러나 그러한 가정에 반드시 얽매여야 할 이유는 없다. 가장 생산적인 사람들이 항상 이기심에 의해 동기를 부여받는 것이 아니라는 점을 인정할 필요도 있다. 그러나 만약 이것이 사실이라면, 가장 생산적인 사람들에게 동기를 부여하기 위한 차등은 소용이 없다. 무슨 말인가 하면, 어느 측면에서는 개인을 이기적인 존재라고 보면서 다른 측면에서는 실제 이상으로 사심 없는 양심적 존재로 보는 롤스의 입장에 문제가 있다는 것이다.

롤스의 이론은 좌파와 우파 모두로부터 공격을 받는다. 평등주의자는 단지 남보다 운이 좋아서 선천적 능력을 가지고 태어난 사람이 생산에 큰 공헌을 한 것에 대한 반대급부로 차등적으로 보상한다는 것이 옳지 않기 때문에 롤스의 차등 보상 체계에 반대할 것이다. 일단 생존에 필요한 기본 재화가 충족되고 나면, 잘사는 것의 여부는 지위와 자기 과시라는 측면에서 볼 때 절대적이라기보다는 상대적인 것이다. 많은 사람들이 '평등하지 못한 대접'*은 이로 인하여 개인의 사회적 기여를 저하시킬 경우 죽음을 제외한 모든 사회적 악덕 중에서 가장 나쁜 악덕이라고 여겨진다. 이 경우 매주 받는 급료가 적다는 것은 단지 불만의 원인이 아니라 깊은 수치심을 갖게 하는 원인이 된다.

반대는 우파 쪽에서도 있을 수 있다. 롤스의 이론체제에서 재능과 업적이 대다수 사람들에게 수단적 가치를 부여한 경우에만 그 개인은 보상을 받게 된다. 그러나 이것은 정의로운 것이 아니라 개인을 비열하게 악용한 것이라고 비판을 받는다. 보다 많이 성취하고 기여

---

* less than equal

하는 사람은 성취와 기여의 혜택이 누구에게 돌아가는지 여부와 상관없이 그에 상응하는 충분한 보상을 확실히 받아야 한다.

이처럼 좌우 양측으로부터 비판받는 이유는 양측 모두가 노직과 롤스의 '정의' 개념보다는 훨씬 오래되고 또 덜 정교한 '정의' 개념을 가진 데서 비롯된다. 이 개념에 따르면, 정의롭게 행동한다는 것은 동등한 것을 동등하게 취급하고 동등하지 않은 것은 동등하지 않게 취급하는 것이다. 카리트(Carritt, 1947: 156)가 지적한 바와 같이, 이 원리는 우리가 개인들을 변별할 때 요구되는 여러 가지 합당한 근거 중 하나일 뿐이다.

어떤 근거가 적절한가 하는 문제가 제기되는 것은 당연하다. 과거에는 신분, 인종, 성 그리고 종교가 모두 개인 간의 차별 근거였지만, 사회정의에 관한 관념이 진전되면서 이 준거들이 동등한 대우를 부정하는 유일한 근거로 받아들여지지 않는다. 다른 한편으로, 필요와 벌 또는 상을 받아야 할 업적을 나타내는 공과는 일반적으로 정의의 원리를 위반하지 않으면서 사람들을 차별 대우하는 근거로 여겨진다.

사회의 재화 총량을 증가시켜 가장 혜택 없는 사람을 포함하는 모든 이의 몫을 증가시킨다는 목적은 보다 능률적 생산에 기여하는 사람을 차등 대우하는 것을 정당화해 준다. 그러나 이 논점을 바르게 이해하지 않으면 안 된다. 만약 잉여 생산분이 특정인의 노력과 남다른 열정에 따른 결과이고, 여기에 다른 이들의 영향이 전혀 개입하지 않을 경우 그에게 보상이 주어지는 것은 옳은 일이다. 이 경우 공과는 차별 대우의 합당한 근거가 된다. 그러나 그 잉여 생산분이 태생적 능력이나 운에서 비롯된 것이라면, 분명히 공적은 차별의 근거에 포함되어서는 안 된다. 그럼에도 해마다 열리는 화훼 전시회에서 희귀종을 출품한 사람에게 메달과 공로패를 수여하는 방식으로, 특출한 재능만을 인정하려고 한다. 그러나 이것은 정의가 아니라 특출한 재능을 찬양하는 행위에 불과하다. 우리가 특출한 업무 수행을 계속하기 위하여 그에게 보상을 해 줄 경우, 이것은 정의의 문제가 아니라 정책의 문제다. 정책은 정책을 좌우하는 다른 가치들이나 우선순위가 명백하게 드러나면 포기하거나 변화시킬 수 있는 것이다.

지금까지 살펴본 정의에 대한 세 가지 입장은 어느 누구도 처음부터 특전이나 특별한 권리를 지니고 있지 않은 개인 간의 평등에 대한 가정에 기초한다. 노직과 롤스는 불평등의 정당화를 모색하려는 점에서 동일하지만, 노직은 특정 생산 행위나 거래를 근거로, 롤스는 특정 재능을 근거로 불평등을 정당화하려고 했다는 점에서 다르다. 정의의 세 번째 관점은 명백하게 평등에 기초하지만, 그것이 평등과 실질적으로 어떻게 관련되었는지 여부는 그렇게 명백하지 않다. 곤궁한 사람에게 보다 많은 혜택을 주어야 한다는 것은 불평등을 야기하는 것이 아니라 불평등을 완화하는 것이다. 이와 유사한 방식으로 능력에 대한 보상을 정당화하는 경우는 특출한 재능이 나타날 때로 국한된다. 그러나 만약 능력이 전적으로 노력으로부터 파생된 부산물이라고 한다면 능력에 대한 보상은 아마 배상의 형태로 간주될 수도 있다. 이 밖에 보상은 우리가 다른 사람들에게 권장하고 찬탄하는 행위 또는 도덕적 덕목, 재능에 대하여 명목상 인정하는 것으로 여겨질 수도 있다.

교육 서비스가 공적으로 제공되는 것이라면, 교육이 제공하는 혜택은 정의롭게 배분되어야 한다는 것은 명백하다. 정의에 대한 세 번째 관점에 비추어 교육이 제공하는 혜택이 완전히 동등하게 분배되어야 한다는 것을 의미하는 것은 아니다. 또 이러한 정의의 개념에는 특별한 보호를 받을 필요가 있는 사람에게 특별한 재화 공급을 배제해야 한다는 의미가 포함되지 않는다. 다만 특출한 능력을 가진 사람에게 어느 정도까지 특별한 대접을 예외적으로 제공해야 하는지가 분명하지 않다는 것이다. 이러한 예외적인 대우가 정의 원리에 따라 요구되는 하나의 권리로 보기는 어려우며, 설사 권리로 인정한다 해도 그것은 앞 장에서 살펴본 수월성 추구를 위한 목표에 포함되어야 할 것이다. 그렇지 않으면, 능력이 매우 뛰어난 영재아가 지루하고 태만해져서 일반 학급에서 학습을 할 수 없을 것이다. 이 경우에 특수아와 여타 부적응 아동이 특별한 대우를 받을 필요가 있는 것과 같기 때문에 특별한 대우를 받을 자격이 주어진다.

교육을 제공하는 것이 정의의 문제가 될 뿐만이 아니라, 정의 사회를 만드는 것 자체가 정당하고 필수적인 교육 목적이 된다. 학교가 정의의 문제는 법정에 넘기고 그 본연의 업무인 가르치는 일에나 전념해야 한다는 것은 비웃음거리가 된다. 만약 학교가 공적 기관이라고 한다면, 경찰, 세무서, NHS*가 정의롭지 못하게 시행되어서는 안 되는 것과 마찬가지로 학교는 정의롭지 못한 정책을 시행해서는 안 된다. 학교가 현재 정의롭지 못하거나 미래에 불의를 불러일으키게

---

* National Health Service: 영국 전 국민을 대상으로 무료 의료 서비스를 시행하는 사회 서비스.

되는 일이 없도록 하기 위하여, 학교는 교육과정 정책과 수업 실제를 포함하는 학교 정책과 업무를 면밀하게 검토할 의무가 있다. 학생 중 일부 또는 전부가 불의를 겪게 되거나 그런 행동을 야기할 만한 교육 내용, 수업 방식, 의사소통 방식이 무엇인지 미리 밝혀내고 이에 대한 대비책을 마련할 필요가 있다. 말할 필요도 없이, 여기에는 일부 학생이 스스로 부당하게 낮은 대우를 받거나 부당한 역할에 종속되도록 묵인하는 교육적 과정을 검토하는 작업이 모두 포함된다. 또 여기에는 다른 학생들에 대해 우월한 태도와 특권을 가진 학생들을 대하는 방식도 포함된다.

이 모든 사안이 다소 부정적으로 들릴지 모르지만, 정의 사회를 위한 대부분의 과제는 엄밀히 말해서 정의롭지 못한 원인을 제거하는 사안으로 이루어진다는 점을 유념해야 한다. 정의의 개념은 또한 학교 교육과정을 통하여 직·간접적으로 학생의 가치를 형성하는 핵심 부분이 된다. 학교는 학생들이 자신과 타인이 공정하게 대접받는다는 것을 마땅히 경험하게 하는 기관이라는 점에서 중요하다. 학교는 미래 시민들이 의식을 가지고 공적 사안을 접촉하게 되는 최초의 기관이며, 이 경험은 필연적으로 학생들이 장차 다른 기관에서 생활할 때 갖게 될 기대와 요구를 결정하게 한다.

10
정의, 인종 그리고 성

우리 사회가 여성이나 유색인종을 대하는 방식이 정의롭지 못하다는 것은 널리 인정되고 있다. 이 두 가지 문제의 원인이 심리적 편견에서 비롯된다는 점에서 두 가지 정의롭지 못한 문제*를 한 가지 문제로 간주하기도 한다. 그러나 두 가지 문제의 양상이나 해결 방식의 측면에서 보면 두 가지를 같은 문제로 간주하기 어려운 측면이 있다.

학교 교육과정은 여전히 정의롭지 못한 방식으로 인종과 성 문제를 야기하고 있으나, 적절한 조치가 이루어진다면 학교교육이 두 가지 문제를 온전하게 회복시킬 가능성도 있다.

인종차별주의와 성차별주의는 많은 경험 연구 결과와 민감한 논쟁을 많이 양산하는 사안이다. 이 문제에 강경한 입장을 지닌 사람들은 이 문제가 감정의 개입 없이 냉정하게 해결되어야 한다고 생각하

---

* 이 장의 핵심 주제인 인종차별주의(racism)와 성차별주의(sexism).

는 것 같다. 그러나 인종차별과 성차별에 따른 정의 문제가 다소 크게 부각된 것은 이 문제가 사태의 본질에 관계없이 세태를 조롱하는 데만 관심이 많은, 변론술이 남달리 뛰어난 사람들의 손에 맡겨져 있기 때문인 듯하다.

정의롭지 못하다고 제기되는 문제는 두 가지 종류다. 하나는 유색 인종과 여성이 백인과 남성이 누리는 것에 비하여 동등한 것을 누리지 못한다는 점이다. 이 주장은 심각한 불평등이 존재하는 사회도 개인의 능력에 기초하여 지위가 재배치된다면 정의로운 사회가 될 수 있다는 주장과 상통한다. 이미 앞 장에서 이 주장이 의심스럽다는 점을 밝히고, 사회적 혜택이 개인차에 관계없이 공정하고 평등하게 분배되어야 정의 사회가 될 수 있음을 제안하였다. 평등 사회의 존재 여부가 인종차별과 성차별에 따른 정의롭지 못한 문제를 포함하는 것은 분명하며, 이 문제를 궁극적으로 해결해야 할 당위성은 의심의 여지가 없다. 그러나 이 장의 목적은 개인의 능력주의 규칙이 효율적으로 작동한 경우에도 그들의 몫을 제대로 받지 못한 점이나 인종차별과 성차별로 고통받는 개인들의 전반적인 불만을 어떻게 해소하는가에 맞추어져 있다.

노직과 롤스가 주장하는 정의의 개념도 여기서는 별반 도움이 되지 않는다는 점을 밝힐 것이다. 자연 상태에서 사물을 취합하고 거기에 자신의 노동을 부가하여 가치를 창출하고, 공정한 거래에서 이득을 취하는 노직의 견해는 아마도 백인 남성에게만 완벽하게 적용될 수 있을지 모른다. 만약 이러한 관점에 따라 개인들이 자신보다 열등한 위치에 놓인 사람들과 거래를 할 경우 보다 적은 보상을 해도 이는 아마 정당화될 수 있을지도 모른다. 무지의 베일 상태의 합리적인 개인들이 능력의 원칙에 입각하여 직업적 규칙을 할당한다는 롤스의 가정이 옳을지도 모르지만, 예를 들어 최소자에게 최대 혜택을 준다는 원칙이 무임금 가사노동에 종사하는 여성의 경우에 집중된다면 문제가 없지만 그의 이론에 그럴 가능성은 없어 보인다. 이 경우에는 제3의 정의 개념이 직접적으로 더 합당해 보인다. 왜냐하면, 유색인 종과 여성은 인종과 성에 관한 적합하지 못한 도덕적 기반에 근거하여 차별을 받고 있기 때문이다. 사회체제상 열등한 지위에 놓여 있는 여성과 흑인들이 받는 최소 혜택이 무엇이든 간에 그들은 그들이 받는 그러한 처우와 하등 관련이 없으며, 그 상황에 대한 도덕적 의무를 짊어져야 할 하등의 이유가 없다.

인종과 성에 따른 정의롭지 못한 두 번째 부류의 문제는 유색인종과 여성이 모욕, 비하, 착취, 심지어는 성과 인종을 이유로 폭행을 당하고 있으며, 이러한 부당 행위에 대한 합당한 구제 신청을 잘 받아들이지 않으며 기각된다는 점이다. 많은 문필가와 운동가들은 여성과 유색인종이 부당한 대우를 받고 있으며, 그들의 공과와 노력이 마치 다른 이들에 비하여 열등하고, 그들의 결점과 불운 때문에 저평가되고 있는 많은 사례와 사건을 폭로하고 있다. 어떤 경우에는 이러한 사례가 사람들의 관심을 받지 못하거나 세간의 흥밋거리로 여겨지는 황당한 경우도 종종 있다. 욕실 없는 아파트 광고는 당연히 유색인종을 위한 것으로 인식되며, 아내의 직업이 없다는 남편의 말은 네 명의 아이와 개 두 마리를 아내가 돌보아야 한다는 뜻으로 이해된다. 학교에서 아프리카 '야만인'을 언급하거나 인도에 '문명'을 전파했다는 역사 수업은 또 다른 예가 된다. 유색인종에 대하여 저질러진 범죄 수사를 서두르지 않는 경찰이나 여성에 대한 범죄를 다소 가볍게 처리하는 판사의 경우는 이제부터라도 심각하게 다루어야 할 사안에 해당한다.

교육에서 제도적 편견

성차별과 인종차별에 따른 부정의는 편견에 따른 개인행동 때문에 야기되기도 하지만, 제도적 장치와 절차에 포함된 편견 때문에 야기되기도 한다. 후자는 그 드러나는 양상이 다양하지만, 이하 논의 목적상 의도하지 않은 제도적 편향과 교육과 사회화 과정을 통하여 야기되는 편향으로 구분하도록 한다. 승진 규정의 목적이 무엇이건 간에 완벽한 근무 기록을 요구하는 승진 규정은 경험과 자격이 풍부한 유능한 여성이 가사상의 이유로 일정 기간 휴직한 경우에 불리하게 작용하는 것을 예로 들 수 있다.

교육체제 속에서 야기되는 제도적 편견은 여러 가지가 있다. 그것은 다음과 같이 구분할 수 있다.

(1) 자아 이미지와 상투적인 낙인찍기
(2) 눈에 보이지 않는 문화 제국주의
(3) 다양한 아이들의 학습 방식에 불평등한 장애 요인

자아 이미지와 상투적인 낙인찍기

이 경우는 각기 다른 범주의 학생들에게 다른 기대 요구와 다른 행위 규범을 요구하는 과정에서 발생한다. 이는 계층, 성, 인종과 같은 요인에 따라 한 사람의 지도자를 육성하고, 나머지는 이에 순응해야 한다는 교육적 분절에 대한 문제이기도 하다. 그러나 아이들의 신체적 특성을 전혀 고려하지 않고 다르게 분화된 사회화를 하는 경우도 있다. 남녀 아이들 간에 분화된 사회화*가 어떻게 일어나는가를 상세하게 밝혀 주는 연구는 많다. 여아에게는 인형과 청소 도구와 같은 장난감을, 남아에게는 공구나 레고와 같은 장난감을 준다. 적어도 과거에는 학교에서 남아와 여아가 다른 교과목을 배우도록 강제되기도 하였다. 물리학처럼 실천적 경력을 요구하는 교과는 '여성 친화적'** 방식과 분위기에서 교수되지 않았다. 교사는 남녀에게 다른 기대 수준을 보여 주기도 한다. 남아들은 보다 엄격해져야 하며, 여아들을 궁지에서 벗어나게 해야 한다는 그릇된 기사도 정신을 배운다. 남아들이 교사의 관심을 끌기 위하여 경쟁해야 하는 반면, 여아들은 인내하고 기다리는 것이 숙녀답게 행동하는 것이라고 배운다. 무엇보다도 여아들은 동급생인 남아들 앞에서 너무 두각을 나타내서는 안 된다는 것을 빠르게 배워야 한다. 각기 다른 인종도 그들에게 유리하지 않은 유형에 맞추어 사회화된다. 미국 인디언 출신 아이들은 운동 분야에서 두각을 나타낼 수는 있어도 학문적 성취에 대한 기

---

* differential socialization
** girl-friendly

대를 받지 않는다(Gallop & Dolan, 1981). 이러한 기대가 어떤 방식으로 아이들에게 전달되는지는 이미 확인된 바 있다. 교사의 언어와 행동, 그리고 아이들에 대한 반응이 중요한 역할을 하는 것은 물론이지만, 여아와 소수 계층 아이들 안팎의 사람들이 미치는 영향도 매우 크다.

어떤 과정을 거쳤건 간에, 결과는 어떤 아이가 다른 아이보다 낮은 성취를 하거나 다른 분야로 나갈 것을 기대한다는 점이다. 결과적으로 능력에 따른 고용 경쟁에서 그들은 불리한 위치에 처하게 된다. 게다가 고용주와 다른 사람들이 반드시 죄의식을 느껴야 하지만 합리화시켜 버리는 편견이 이러한 불리함을 가중시킨다.

눈에 보이지 않는 문화 제국주의

역사 수업을 받은 많은 여성들이 전쟁 영웅, 신대륙 발견, 산업혁명의 발명이 모두 남성의 성취라는 점을 알게 된다. 설사 여성이 기여한 부분이 있다 하더라도 그것은 보조적인 것이거나 플로렌스 나이팅게일의 경우처럼 간호 분야이거나, 그도 아니면 보어디시어와 잔 다르크*의 경우처럼 남성적인 행동 패턴을 연출하는 특출한 여성의 경우이다. 여성들은 '인간'은 원숭이로부터 진화하였으며, '인류'**

---

* Boadicea: 로마 군의 정벌에 항거하여 싸운 고대 영국 이세니(Iceni) 종족의 여왕.
  Joan of Arc: 15세기 영국의 백년전쟁 후기에 프랑스를 위기에서 구한 영웅적 소녀.
  불어명은 Jeanne d'Arc.
** 인간(Man), 인류(Mankind). 영어에서 드러나는 성차별적 어휘를 빗대어 표현한
  말.

는 완성을 위하여 부단히 노력한다는 점을 배운다. 여성은 과학과 수학조차 자기 자신에게 필요한 것이 아니라 전적으로 남성과 관련되어 있는 것으로 배운다. 학교 교육과정의 많은 부분에서 여성의 존재를 확인할 수 없다.

소수민족 출신 아이들도 수업 시간에 역사적 영웅, 교과서에 등장하는 인물, 역사적 사건 등을 접하면서 이와 유사한 경험을 하게 된다. 그들은 그들이 배운 인간의 성취와 포부와 관련된 사람들은 자신들과는 무관한 사람들이며, 그들 스스로가 '그런데 그러한 일들이 나와는 무슨 관련이 있는가?'라는 안목을 가지고 비판적으로 묻는 순간이 자연스럽게 많아진다.

이에 따른 부당한 감정과 낮은 성취 이외에도 일정한 부류의 사람들을 평가 절하하고, 그들에게 적합하지 못한 교육을 받게 하는 상황 자체가 정의롭지 못한 상태를 만드는 것이다. 서양 문화의 산물로 구성된 학교 교육과정은 그들 자신의 전통문화와 사고방식이나 합리적 기준에서 동떨어져 있기 때문에 그들은 늘 소외된다. 이러한 관점에서 볼 때, 서양의 성취 기준과 가치관을 지닌 '서양' 교육과정을 소수민족 출신의 아이들에게 부과하는 것은 일종의 압제 행위이며 문화적 학살을 재현하는 것이다.

이러한 문제를 해결할 수 있는 여러 가지 방책이 있다. '남성 중심'과 '서양 중심'의 교육과정을 이에 적합하지 않은 이들에게 부과하는 것에 대한 하나의 방책은 별도의 기관을 설립하여 별도의 교육을 제공하는 것이다. 별도로 이슬람 학교의 설립을 요구하는 것은 이 방책에 해당한다. 그러나 일반적으로 문화적 분절을 하게 되는 이와 같은 조치는 결과적으로도 다른 재앙을 불러올 수도 있다. 인종 문제와 관련하여 우리는 '분리주의적 평등교육'*이라는 슬로건이 좋은 결과를 내지 못한 경험을 갖고 있으며, 서로 다른 제도의 '동등한 존중'**이라는 것도 칙령을 가지고도 해결할 수 없는 문제이다. 남녀를 분리하여 시행한 활동과 학습 중에서 항상 여성이 한 것이 남성뿐만 아니라 여성에 의하여 낮게 평가된다는 점(Richards, 1982: 195-198)도 잘 알려진 사실이다.

교육이 조장하는 불평등한 장애

어떤 측면에서 보면 교육체제라는 것은 여러 가지 능력을 지닌 사람들을 고등교육과 다양한 수준의 고용으로 이끌고 가는 허들 경기와 같다. 재능이 없는 아이들에게 허들 경기는 재능 있는 아이에 비하여 어려운 것이다. 학교가 중산층 아이들과 중산층 교사가 당연하게 여기는 사실이나 관용구와 태도 등을 교육 내용으로 가르치기 때문에 노동계층 가정의 아이들이 학교 수업에서 불리하다는 것은 잘 알려진 논의 중 하나이다. 노동계층의 아이들이 가정에서 이미 배운 많은 내용은 교육 성취와는 무관한 것이며, 그 내용이 설사 자신에게 불리한 것으로 인식되지 않는다 해도 무식한 것으로 간주하는 데 따른 고통을 감수해야 한다. 영국 이외의 국가 출신 아이들도 이와 유사한 형태의 고통을 겪을지도 모른다. 언어는 분명 추가적 장벽임에

---

* separate but equa
** parity of esteem

틀림없으며, 심지어 이 아이들이 의사소통에 문제가 없는 것처럼 보이는 경우에도 사실은 자신이 들은 내용을 제대로 이해하지 못하는 경우가 많다. 말하기와 쓰기 능력의 차이는 곧 이 아이들의 실수라고 교사가 평가해 버리며, 심지어는 이 아이들의 지능 때문이라고 간주하기도 한다. 그 아이들의 모국어가 아니어서 유창하거나 정확하지 못한 언어 능력 때문에 그들이 '어리숙하거나' * 사교적이지 못한 존재로 여겨진다. 물론 불리한 처지에 있는 소수민족 아이들은 다른 아이들이 이미 알고 있는 내용을 학습해야만 하는 경우가 많이 있다. 영국 시골에서 자라나는 동식물 생태, 영국 음식, 영국인의 일상생활 방식, 기독교 의식 등은 그들에게 아무런 의미가 없는 내용인지도 모른다. 이런 사항들은 이 아이들에게 짐만 되는 학습 내용일 뿐만 아니라 다음 두 가지 이유에서 학습장애가 될 뿐이다. 첫째, 이 아이들은 이에 대한 경험이 전무하기 때문에 이는 학습하거나 이해하기가 매우 어려운 내용이다. 둘째, 영국인 교사가 당연한 것으로 여기고 가르치는 이러한 내용은 곧 이 아이들에게 수업 전체를 이해할 수 없는 것이 되어 버린다. 물론 소수인종의 평범한 아이들이 당연하게 여기는 지식과 학습 내용 중에서 똑똑한 아이들이 전혀 경험해 보지 못한 내용이 있는 것은 사실이다. 그러나 교사가 민감하게 이 상황을 제대로 숙지하지 못한다면, 이 아이들은 자신이 알고 있는 내용이 '획득해서는 안 될' 내용이라고 금방 알아차려 버린다. 오히려 이 경우 아이들은 이해하지 못한 바보 취급을 당하는 것보다는 아예 잠자

---

* dim

코 조용히 있는 것이 낫다는 것을 알게 된다.

성적 · 인종적 차별의 교정 정책

경쟁 사회에서 교육제도와 사회 여건이 특정한 부류의 사람들을 불리한 위치에 놓이게 한다면, 사태를 바로잡아야 할 의무가 성립한다. 어떻게 이런 일들이 벌어지는지 분명하지는 않지만, 선의의 제안 자체가 그들을 다른 문화에 적응시키려는 부정의를 촉발하고, 고식적인 수단에 불과하다는 비판을 야기할 정도로 부적합하기 때문에 많은 논란을 일으킨다. 이러한 관점에서 보자면, 살펴보아야 할 논점은 다음과 같다.

- 역차별 논란
- 모든 사람을 똑같이 대우한다고 하면서 자행되는 '인종 무시' 또는 '성차 무시' * 정책
- 소수 문화의 평가('다문화 교육')
- 반인종차별 · 반성차별 교육에 관한 사려 깊은 정책 마련

역차별 논란
공정하지 못한 비합법적 선별과 선정 등에 대하여 부당한 대우를

---

* 'colour blindness' or 'gender blindness'

받는 부류의 사람들에게 실제적인 혜택을 주는 정책과 제도가 입안된 바 있다. 이를테면 대학 입학에 있어서 이들에게 자격 요건을 완화하는 경우와 백인이나 남성이 선별 과정에서 우위에 있는 경우에도 흑인이나 여성에게 취업 기회를 더 주기 위하여 일정한 할당을 하는 경우를 들 수 있다. 이러한 조치는 이미 역량을 지닌 이들에게는 결과적으로 '불공정한' 경쟁이 되므로 정의롭지 못한 조치일 수 있다(Dworkin, 1977: 223-239). 뿐만 아니라 이는 역량을 갖춘 가장 적합한 사람을 채용하거나 임용함으로써 공공의 이익을 극대화하는 경우에도 어긋난다(Goldman, 1979: 2-64). 또한 이러한 조치가 결과적으로 목하 관심을 가지고 혜택을 주려는 사람들에게조차 진정한 이익이 되지 않는다는 반론이 제기될 수 있다(Goldman, 1979: 142-144). 왜냐하면, 이 조치의 혜택에 따라 얻어진 지위와 역할에 부응하지 못하여 뒤처지는 그들의 행동은 결국 그 집단에 영향을 미치고, 집단 내의 다른 부류의 사람들에게 바람직한 역할 모델을 제시하는 데 실패할 것이기 때문이다. 인간은 여러 가지 방식에 따라 분류할 수 있기 때문에, 어느 집단이 역차별에 따라 혜택을 받아야 하는가 하는 문제도 야기된다. 그리고 가장 불리한 집단 내에서 가장 혜택을 많이 받은 사람들이 중산층에서 가장 낮은 지위에 있는 사람들보다 유복하게 지내는 아이러니한 경우도 발생한다. 이러한 사례는 부유한 가정 배경을 지닌 흑인 학생이 가난한 가정 배경을 지닌 백인 학생과 대학의 교수 자리를 놓고 벌어지는 경쟁에서 흑인에게 유리하게 작용하는 경우에 확인된다. 만약 흑인이 선정될 경우 백인은 자신의 열등한 환경을 탓하지 말고 재심을 요청하면 된다고 할 수도 있을 것이다. 이 경우 정의는 집단 간의 문제가 아니라 개인 간의 문제라고 간주할 것이다. 골드먼(Goldman, 1979: 76-94)은 역차별이 정당화되는 경우는 유복한 집단에 속한 사람들이 과거의 그릇된 차별로 인하여 혜택을 받은 경우와 하위 집단에 속한 개인이 개인적으로 부당한 대접을 받았을 경우에 한정되어야 한다고 하였다.

그중 어느 경우에도 역차별 사회정책의 원리에 반대 논거를 제공하지 못한다. 각 경우가 별도로 심각하게 고려된 것은 사실이다. 하지만 애초부터 상대적으로 예외적인 경우만 거론하였고, 어느 경우는 가설적인 상황을 묘사하고 있어서, 역차별 정책이 차별을 보편적으로 수정하고, 모든 이들에게 설득력 있는 정책으로 수용될 수 있는가에 대한 반대 논거를 제공하지는 못한다. 역차별 정책의 실시가 반대자들이 전혀 수긍하기 어려운 이례적인 경우를 야기하기도 한다. 이는 인간사가 원래 복잡하기 때문이며, 그래서 이런 종류의 정책이 현실에서 잘 실행될 수 있도록 법령과 행정 절차를 명확하게 규정해야 하고, 법령 용어도 미리 명료하게 해야 한다. 그렇다고 해서 이 말이 행정적 편의를 위하여 개인의 권리를 뒤로 제쳐 놓자는 것은 아니다. 사회 전반에 퍼져 있는 차별을 해소하는 데 요구되는 정당한 절차를 지체 없이 마련하여 이례적인 사례와 개인의 부당한 차별을 조화롭게 해결할 수 있는 법령과 절차를 융통성 있고 현명하게 운용해야 한다는 것이다.

불평등과 역차별의 일반적인 쟁점을 학교 안에서 일어나는 경우에도 그대로 적용할 수 있다. 다만, 학교는 지식의 전수와 사회 선발의 기능을 수행하는 제도를 시행한다는 점에서 차이가 있다. 이러한 일련의 과정을 비교적으로 사려 깊게 고려하여 학생들을 다양한 집단 속에 할당하고, 학생들의 교과목과 진로 선택을 지도하며, 그 결과 대학 진학과 사회 진출 여부도 권장해 준다. 교사의 이러한 과업을 수행하는 방법은 우리가 사는 사회가 어떤 사회인가에 다소 영향을 받는다. 따라서 교사들은 자신에게 주어진 업무를 수행하는 데 따른 선택지, 정책 배경, 정책의 정당성을 의식하지 못하는 경우도 있다.

'모든 이의 똑같은 대우'의 문제

자유로운 심성을 지닌 선량한 교사라면 매우 진지한 태도를 취하면서 자신은 인종이나 성별을 아예 고려하지 않는다고 선서한다. '나는 수학, 물리, 역사, 종교교육 등을 가르친다. 남학생, 여학생, 흑인, 백인, 그들 모두는 나에게 똑같은 학생이다. 나는 유색인종과 관련된 차별적인 언행을 하지 않을 것이며, 남성 위주로 된 어휘 사용을 자제할 것이다. 이와 같이 삼가는 행동이 거북하거나 현학적인 것이 되지 않도록 할 것이다.'

이 선서는 인종차별, 성차별의 측면에서 보면 매우 고무적인 일이지만, 여전히 많은 비판의 여지를 남겨 놓고 있다. 우선 교사가 자신이 가르치는 사람들의 이익, 인성, 배경 등에 관한 중요한 사실을 일일이 파악할 수 없다는 점을 들 수 있다. 이는 교사가 절반이나 되는 여학생과 다른 문화적 배경을 지닌 학생들의 이익을 도모하려 하지 않는다는 뜻이 아니다. 다만 전통적인 교사 위주의 수업 방식으로는 이러한 요인을 제대로 파악할 수 없다는 점이다.

더욱 중요한 것은 앞서 언급하였던 것처럼 사회체제 내에 의도하지 않은 편향이 내재되어 있다는 점이다. 교사가 다양한 계층과 인종의 이익을 고려하지 않고 전통적인 방식에 따라 자신의 '교과를 가르치는 일'에만 몰두하는 것은 상이한 배경을 가진 학생들에게 결과적으로 차별을 종용하는 셈이다. 최근에 부모와 함께 파키스탄에서 이민 온 아이들은 역사 시간에 알프레드 왕의 투쟁사를 배우는 데 어려움을 겪을 것이고, 이에 반하여 덴마크 출신 아이들은 영국 토박이 아이들과 마찬가지로 수업에 어려움을 별로 겪지 않을 것이다. 이와 유사하게 수업 시간에 참호 파는 문제, 크리켓 공의 궤적 문제를 내놓고서는 이 문제에 흥미를 느끼는 학생들에게 관심을 가진 수학 교사는 여학생들을 '관심 밖으로 돌린' 책임을 반드시 져야 한다. 이는 앞 장에서 지적한 바와 같이, 정의는 모든 사람을 똑같이 대우하는 것뿐만 아니라 다른 경우에는 합당하게 다르게 대우해야 한다는 것을 가리킨다는 점을 상기시킨다. 모든 학생들을 공정하게 대우하고자 하는 교사는 학생들을 일률적으로 똑같이 대우해서는 안 될 것이다. 특히 모든 학생들을 똑같이 대우하는 경우가 부당한 것은 과거에 특정 학생을 대우한 것을 그대로 본떠서 적용하는 경우에도 해당된다.

이와 함께 소수민족 문제에 있어서 '모든 이들을 똑같이 대우한다는 것'은 근본적으로 동화주의 정책의 전략이라는 점을 지적하지 않을 수 없다(Bagley & Verma, 1983: viii-xiii). 이 접근 방식은 다음과 같은 말과 통한다. '나는 흑인 아이들이 스스로 우리의 행위 기준에 따라 행동한다면 흑인에 대하여 일체 반대할 것이 아무것도 없다. 그들이 만약 우리나라에 들어와 산다면 우리 방식에 맞추어 살아야 하며, 그들이 우리더러 자신들에 맞춰 살라고 해선 안 된다'(Willey, 1984: 28-30 참조). 그러나 어떤 이유에서건 간에 영국에 들어와 사는 이들이 자신의 문화를 일체 포기하거나 자신의 자녀가 그렇게 해야 할 이유는 어디에서도 찾을 수 없다. 마찬가지 논거에서 카리브 해와 인도 지방에서 온 부모를 둔 아이들이 학교에 다니는 동안에 자신의 고유 언어, 고유 의상을 사용하지 못하고, 또한 자신의 문화적 이해를 포기하도록 보이지 않는 압력을 받아야 할 하등의 이유가 없다. 모든 일들을 위한 교육을 제공한다는 것은 이러한 것을 조건으로 내건다는 것을 의미하는 것이 결코 아니다.

다문화 교육

다양한 인종 집단 문제를 다루는 데 있어서 특정한 한 문화에 동화시켜 버리는 방식과는 대조적으로 영국과 그 밖의 나라들이 공식적으로 채택하고 있는 정책이 문화 다원주의*이다. 공식 문서에 따르면 영국은 이미 다문화 사회에 진입하였으며, 학생과 학부모들은 이전보다 '더 다양한 개인적 가치'를 가져야 한다고 공언한 바 있다. 역시 소수민족은 '그들 자신만의 고유문화를 지니며', 그 고유문화는 '존중되어야 하고, 다른 민족은 그 문화의 독특성을 인정해야 한다'고 규정하였다. 학교장은 영어를 모국어로 사용하지 않는 사람들을 '문제'로 보지 말고, 그들의 다양한 문화적 배경이 오히려 학교 문화를 '풍부하게' 하는 것임을 인정해야 한다고 하였다. 학교는 문화

---

* cultural pluralism

적 다원성을 폄하하지 말고, 그것을 존중하여 다양한 문화 요소를 학교교육 내용은 물론 학교 내 아이들의 생활 속에 도입해야 한다고 하였다. 지역사회도 이러한 목적에 충실한 적절한 역할을 다하도록 해야 한다고 하였다.

이러한 접근법은 여러 가지 측면에서 교육 목적에 많은 득을 가져다준다. 무엇보다도 여러 가지 흥미 있는 교육 프로그램을 제공해 줄 것이다. 그렇게 할 때 다른 문화와 다른 문화의 사람들에 대한 아이들의 이해력이 증가할 것이며, 그것은 다른 문화 집단 간의 교류와 상호작용을 통해서만 가능할 것이다. 자문화중심주의는 제거될 것이며, 양보와 상호 존중의 도덕 가치는 증진될 것이다.

불행하게도 이러한 작업이 항상 뜻대로 진행되는 것은 아니다. 다문화적 요소는 학교 교육과정에 통합되기보다는 접목되는 경향이 있다. 다문화적 요소는 그것을 제대로 이해할 처지에 있지 못한 현장의 교사들에 의하여 조롱거리가 되기 일쑤이다. 다문화적 요소는 수준 낮은 내용으로 인식되거나 기껏해야 학교 교육과정의 주변부라고 할 수 있는 음악, 미술, 교양과목에서만 다루어진다. 다문화적 요소는 인간의 공통사가 아니라 문화적 차이만을 강조하는 것으로 인식된다. 그 결과, 소수민족 출신은 사회 주류에서 영향력 있는 참여자가 아니라 희귀한 '흥밋거리' 또는 괴팍한 사람으로 인식된다. '다문화' 요소가 그 문화적 우수성 때문이 아니라 대표성이나 그 독특성 때문에 교육 내용으로 채택되기 때문에 그것의 교육적 가치에 대한 의구심(Wilson, 1986)도 제기된다.

이러한 접근 방식이 인종차별과 불평등의 근본적 문제를 피해 가

며, 정작 중요하지도 않은 것을 중요한 문제로 각인시켜서 오히려 해
가 된다고 보는 데서 반론이 보다 강력하게 제기된다. 타 문화에서
유입된 사람은 자신의 고유문화가 사장되지 않고 존중되는 것에 만
족할지 모르지만, 그들이 살아가야 할 국가의 주요 교육 내용을 학습
하고 평등하게 살아가야 할 권리가 있다는 사실도 마찬가지로 중요
하다. 단순히 인종차별적인 문제를 초월하여 이러한 사항을 모두 고
려해야 한다는 것이 1970년대 이후 교육학자들이 제기한 '다문화'
교육 목적의 논의였다.

반인종차별 교육

반인종차별적 교육은 전혀 새로울 것도 없고, 급진적인 별난 생각
도 아닌 교육 목적을 갖는다는 점을 우선 확인할 필요가 있다. 우리
가 고려해야 할 교육 목적은 다음과 같은 것이다.

(1) 소수민족을 포함하여 모든 인종의 아이들이 학교에 다니는 동
   안 공정한 대우를 받게 하는 것
(2) 인종과 문화적 배경에 관계없이 모든 개인이 공정한 대우를
   받고, 상호 존중하는 성인 사회가 작동하도록 하는 것

그러므로 반인종차별 교육의 두드러진 특징은 그 목적 자체에 있
는 것이 아니라, 그 목적을 실행할 수 있는 의지에 있다. 인종차별의
문제가 무엇인지를 인식하고, 이 문제를 어떻게 풀어 가야 하는가가
문제의 본질이 된다. 문제의 핵심은 '인종차별을 철폐할 수 있는 종

합적인 조정 중재'(Willey, 1984: 93)라고 한다. 쟁점은 이 문제를 '학교가 수행할 과업에 포함시키는 것'이다. 이에 따라 교사를 포함한 전 교직원들이 토론에 참여하여 학교 내에서 인종차별을 철폐할 구체적이고 세심한 방안을 계획하고 실천하는 것이다. 여기에는 어떤 형태의 인종차별도 수긍할 수 없다는 점을 명백하게 문서화해야 한다. 우선 모든 교직원들이 모욕적인 농담과 표현을 포함하여 소수 인종에 가해지는 학대와 괴롭힘이 무엇인지를 심각하게 숙지할 필요가 있다. 이러한 사안에 대응하는 데는 일련의 절차가 필요하며, 학교장을 비롯한 학교 간부 및 학부모의 참여가 요구된다. 기존 교육과정에 다문화적 요인을 접목시키는 일보다는 학교 교육과정 전반과 학교에서 일어나는 일에 인종적 편견이 없는가를 검토하는 일이 바로 반인종차별적 교육정책이다. 반인종차별 교육 프로그램을 제대로 이행하는 일에는 소수민족 출신에게 승승장구할 수 있는 기회를 주고, 정책 결정 기관에서 이들의 대표가 활동할 수 있게 하는 일이 포함되어야 할지도 모른다.

제도적이고 의도적인 인종차별 사례를 줄이기 위하여 학교와 나아가서는 사회가 착수해야 할 절차를 마련하는 노력이 공염불에 그치는 것이 아니라 실행 노력에 달렸다는 점을 대화를 통하여 전달하도록 해야 할 것이다. 또한 인종차별의 가해자와 피해자들에게 벌어진 참상을 절실하게 인식하게 하는 것은 그러한 절차에 노력과 비용이 많이 소요되며, 학교 당국이나 학부모 및 정책 입안자들이 모두 참여해야 할 사안이다.

항상 염두에 두어야 할 것은 인종차별 철폐 조치가 소수민족의 이익 증진을 위한 것만이 아니라 사회정의가 사회 전반에 실현되도록 하는 교육 목적에 근본적으로 부합된다는 점이다. 이 점에서 소수민족 문제는 동성애자, 장애인 그리고 능력 있는 저소득층 사람들이 받는 불리한 처지와 같은 맥락에서 접근해야 한다.

어느 사안을 우선적으로 다루어야 하는가와 차별적 해악을 하나하나 제거하는 것은 정치적으로 큰 의미를 지닌 사안이다. 그러나 교육체제에서 모든 종류의 차별 철폐가 권장되고 실행되는 한 차별 철폐의 초점이 인종 차별 철폐에 우선적으로 맞추어져야 한다는 점은 논의의 여지는 있지만 상당히 고려할 만한 것이다.

제4부 내재적 가치

11

자유교육과
내재적으로 가치 있는 활동

이후 두 장에서는 교육 목적의 세 번째 부류가 검토될 것이다. 즉, 그것은 지식, 이해 또는 어떤 활동이 그 자체로 추구할 만하다고 여겨지는 내재적 가치를 정당화하는 문제와 관련된 목적들이다. 비록 내재적 목적의 성공적 추구가 의심의 여지없이 학생의 학습 증진을 도모하였다 해도, 그것이 곧 학생들의 이익을 우선적으로 증진하거나 또는 학생들에게 현실적으로 어떤 능력을 즉각적으로 도모해 주기 때문에 정당화되는 것은 아니다. 내재적 목적은 분명히 학생의 자율적 삶의 폭을 확장시켜 주며, 동시에 자신의 삶에 보다 가치 있는 것이 포함되도록 해 줄 수 있을 것이다. 명백하게 이러한 목적은 사회적으로 가치 있는 효과를 거둘 수 있으나(Oakeshott, 1971: 59-74), 이러한 사회적 효과를 가져오는 가치가 과연 특정 활동의 내재적 가치인가는 우연의 일치일 수도 있다. 일련의 철학자들(Peters, 1966: 85; Straughan & Wilson, 1983: 19-33; Wilson & Cowell, 1983)에게 내재적 목적은 유일한 교육 목적이며, 이는 앞의 네 개 장에서 논의된 정치적 편의라는 반론에 밀려 어쩔 수 없이 양보될 수 있는 정치적·사회적 목적이 아니다.

두 개 장에 걸쳐 심층적으로 논의하겠지만, 교육 목적 중에서 가장 중요한 것은 문예적 가치를 추구하는 것을 최고로 평가하는 자유교육의 전통적인 목적이다. 문예의 심미적 가치를 추구한다고는 하지만 자유교육의 목적은 여전히 지식과 이해, 진리와 합리성의 추구로 표현되는 지적 활동에 맞추어져 있다.

이처럼 지적 편중을 드러내는 자유교육은 엘리트주의의 결과라고 비난받는다. 오히려 이 비판은 자유교육의 지적 중요성을 정당화할 소지가 있다. 자유교육의 지적 요인은 주로 수월성의 추구라는 점에서 높이 평가받는다(예: Cooper, 1980: 53−62; O'Hear, 1981: 15−19, 151−163). 자유교육의 목적은 소위 '상류 문화'와 전통적인 교과목과 밀접하게 관련된다. '언어와 사고에 따른 최상의 것'* 에 대한 관심은 역사적으로 사립학교와 관련되어 있으며, 상류층 사람들 간의 경쟁을 부추기는 데 있다. 그 결과 자유교육과 그 목적에 관한 비판 중 하나는 문학과 예술을 포함한 여러 인문 교과를 엄정하게 공부하는 것은 단지 상류사회의 여가 문화를 반영한 것에 불과하다는 것이다. 도대체 어느 누가 이처럼 실생활에 도움이 되지 않는 교과에 헌신한단 말인가? 이 인문 교과들을 살펴보면 볼수록 여가 생활을 누렸던 상류계층의 사람들이 주도한 것임을 알 수 있다. 프랑스의 맥락에

---

* 'the best that has been thought and said'

서 보건대 인문학과 자연과학, 특히 문예는 지배계층이 자의적으로 결정한 문화적 산물이거나 아니면 지배계층의 편린에 불과하다 (Bourdieu & Passeron, 1980). 지배계층에서 태어난 사람들은 자연스럽게 이러한 교과에 익숙해질 수밖에 없다. 다른 계층 사람들이 이 교과를 배운다는 것은 매우 고통스러운 일이며, 이들 대부분이 이 교과목을 가르치는 교육체제 속에서 성공할 가능성은 별로 없다. 19세기 영국에서 신흥 부유층은 자신의 아들을 사립학교에 보내 '신사교육'을 받게 하였고, 그 아이들은 신흥계층인 아버지가 이룩한 부의 기반이 되었던 유용한 지식을 획득함으로써 다른 아이들의 계층 이동은 오히려 방해받게 되었다.

오늘날에도 역사, 문학을 포함한 전통 교과들은 '그 자체로' 배울 가치가 있는 것으로 간주된다. 그러나 대입 과정인 A-level*과 대학에 재학 중인 학생들에게 가장 관심 있는 것은 좋은 대학에 들어가기 위하여 A-level의 가장 좋은 점수를 받는 것이거나 대학 졸업 후 좋은 직장을 얻는 데 있다. 실용적이지 못한 하위 영역 시험의 성패 역시 사람들에게 각기 다른 사회적 · 직업적 범주에 할당되는 것을 의미한다. 따라서 실용성이 없는 이들 교과를 배운 결과, 성패는 고액 연봉이나 사회적 특권을 얻는 수단으로 여겨진다. 이처럼 내재적 가치를 지니는 교과에 관한 논의 자체가 눈속임에 불과하다는 것이 입증된 셈이다. 분명 학생들은 회계나 실용전자를 배우는 것과 같은 이유, 즉 먹고살기 위한 하나의 방편으로 영어와 역사를 배운다. 단지

---

* 제8장 156쪽 각주 참조.

차이가 있다면 전자의 교과를 배우는 이유가 뭔가 한 가지 실용적인 것을 가능하게 한다는 데 반하여 후자의 교과를 배우는 이유는 A-Level이나 O-level 등에서 높은 점수를 획득하여 보다 많은 물질적 보상을 받도록 하거나 그들로 하여금 기대 수준이 높은 특정 사회계층에 속하도록 한다는 점이다.

이러한 논의는 부르디외의 말로 하면, 교육과정에 포함된 내용은 그 자체로 가치 있다고 할 만한 것은 하나도 없으며, '자신의 밥그릇 챙기기'*의 목적으로 마치 미신적 주술을 외우는 식으로 조작된 내용을 외우고 내뱉도록 하는 것은 문화적 자의성**에 따른 것에 불과하다. 진리와 객관성에 대한 지식사회학자들의 공격(Young, 1971)은 이와 같은 주장을 포함한다. 만약 진리, 가치 등에 대한 객관적 기준이 없다면, 우리가 가르치려고 하는 것에 대한 판단은 자의적일 수밖에 없다. 어떤 교과가 다른 교과보다 더 가치 있다고 하는 논의는 아무리 긍정적으로 평가해 봐도 공허한 논의일 뿐이며, 온전하게 정황을 드러내 보면 기존의 사회질서를 합리화하고 기득권을 유지하려는 음모의 일부일 뿐이다.

이러한 상대주의 입장은 많은 학자들(O'Hear, 1981: 19-29; Bailey, 1984: 195-225; Trigg, 1985: 30-35)에 의하여 교육 안팎에서 공격을 받아 왔다. 특히, 어느 것도 객관적인 진리임을 증명할 수 없기 때문에 모든 지식이 가르치는 데 합당하지 않다는 주장에 명확한 일관성이

---

* get one's ticket

** cultural arbitrary

없다는 비판이 가해졌다. 만약 이 비판이 맞는다면, 영과 그 지지자들의 주장도 자신들의 논법에 따라 똑같이 자의적인 것임에 틀림없다.

상대주의자들의 주장의 또 다른 단점은, 모든 지식은 그것이 성립하는 순간부터 개개인 간의 주관적인 판단에 따른 구성물에 불과하다는 추론 그 자체가 타당성을 결여한 것이어서 실행력을 갖지 못한다는 점이다(O'Hear, 1981: 22-26).

여기에다가 자유교육과 전통 교과의 내용이 엘리트주의와 결합되어 있으며, 그중 일부는 정치적 우파의 사상과 연합되어 있다는 사실에도 불구하고, 지식, 합리성, 이해, 진리와 같은 가치에 몰입한다는 것 자체를 정치적인 편향이라고 볼 수는 없다. 오히려 정반대로, 무지와 편견으로 인하여 부와 권력이 정의롭지 못한 방식으로 분배되기 때문에, 진리 추구를 편협하게 예단해 버리는 것은 특정 정치 노선을 옹호하는 것 이상으로 과격한 주장에 불과하다(Mardle, 1977).

자유교육을 구성하는 교과들이 기존 사회체제를 그럴싸하게 합리화하는 것이 아니며, 또 만약 눈에 띄는 효용성이 없다고 한다면, 이 교과들이 이른바 일반적인 효용성을 어떻게 갖는다고 할 수 있겠는가? 많은 이들이 자유교육의 교과들이 내재적 가치를 지닌다는 주장을 개진하였지만, 그 정당화 가능성은 베일리(Bailey, 1984: 29-35)의 주장에서 분명하게 찾을 수 있다. 그의 견해에 따르면, 학술, 문예 등의 교과는 자동차 정비공이나 선반공의 훈련과 같이 즉각적 수익 효과를 볼 수 없지만, 개인에게 보다 수준 높은 직업 기회를 가져다 주고, 그에 따르는 이해와 여타 능력을 그 개인에게 제공해 줄 수 있다는 것이다.

이 논점은 라틴어 어형 변화와 셰익스피어의 희곡을 암송하는 것이 사립학교 졸업 이후 대영제국 관료로서 복잡한 법 집행을 효율적으로 수행하게 한다는 낡은 전이 효과가 잘못된 것이 아니라는 점을 연상시키기도 한다. 한 분야의 훈련 또는 연습 효과가 별로 관련이 없는 다른 분야에서 지적 수행 능력의 증진을 가져오지 못한다는 것이 오늘날 일반적인 견해이다. 그러나 논점은 '학생이 싫어한다고 해서 그것을 문제 삼아서는 안 된다'라는 식으로 지력 교육이 인격 형성에 도움이 된다는 주장을 마냥 하는 것이 아니다. 더욱이 장래의 생활에서 그것을 깨달을 것이라는 이유로 해서 지루하고 의미 없는 교과를 강제로 가르치자는 것도 아니다.

베일리가 주장한 바는 이와 같이 자유교육이 무조건 장래의 생활을 향상시켜 준다는 주먹구구식 주장이 아니다. 자유교육의 가치는 이 교과들이 지니고 있는 일반적이고 기본적인 학습에 있다. 이 교과들은 개인이 차후에 배우고자 하는 다른 많은 것들과 관련을 맺는 것이어서 다른 교과들보다 기본적이라고 할 수 있다. 예컨대, 베일리는 가정학에서 조리법보다는 영양학 원리, 판에 박은 개별 공식의 습득보다는 수학 원리를 들고 있다. 도덕교육에서 타인의 이익을 고려하는 윤리학적 원리가 남의 과수원에서 사과를 훔치지 말라는 훈계보다 더욱 기본적이다. 한 교과의 기본 원리를 배운다는 것은 상대적으로 고급 과정을 배우는 초석이 되기 때문에 기본 교과의 학습이 반드시 초보적인 것이라고 간주할 수만은 없다. 그렇기 때문에 자유교육에 포함된 특정 교과의 기본적 가치를 어린 시절에 접근할 수 있고, 그 가치를 배울 수 있도록 많은 분야의 교육과정 개발이 이루어지고 있다.

이러한 '기본' 학습은 어려운 과업을 수행하는 데 요구되는 '연습'이나 '훈련' 효과 때문이 아니라, 차후에 배우게 되는 고차원 교과와 논리적으로 관련이 되기 때문에 아이들에게 이익을 제공하는 것으로 여겨진다. 이러한 학습은 개인이 단순히 기술적인 문제에 대한 판단보다는 다양한 분야에서 보다 합리적인 판단을 하는 데 적합할 것이다. 자유교육의 결과 획득한 이해력은 '현재 관점과 특정 관점'*에서 벗어나 사고할 수 있게 해 주며, 상황의 한 단면만 보고 그것에 맹목적으로 집착하지 않도록 해 준다. 이상의 주장이 타당하다면, 다른 사람의 삶과 이익에 영향을 미칠 수 있는 중요한 위치에 있을 사람들은 자기 자신의 직업에 요구되는 전문 지식뿐만 아니라 이와 같은 일반적인 기본 교과를 배워야 한다는 전통적 관점이 지지를 받는다.

어떤 교과가 그 자체로서 가치를 지니는가, 아니면 수단적 가치를 지니는가 하는 문제로 돌아가면 이 구분은 논의거리가 되지 않으며, 구분 그 자체가 매우 불분명한 문제가 된다. 이렇게 볼 때 논의에 따르는 혼란을 피하기 위하여 두 가지 구분을 하는 것이 도움이 될 것이다. 그 구분은 다음과 같다.

(1) 어떤 교과가 그 자체로 가치를 지닌다는 것과 그것이 자명하게 가치를 지닌다는 것**

---

* 'the present and the particular'. 이를 뛰어넘어야 한다는 의미에서 이 장에서 여러 번 소개된 Charles Bailey의 책명이 *Beyond the Present and the Particular*이다.
** saying that something is intrinsically good (or worthwhile) and saying that it is self-evidently so.

(2) 어떤 교과가 그 자체로 가치를 지닌다는 것과 누군가 그것을
그 자체 목적을 위하여 추구한다는 것*

내재적 가치와 자명한 가치

누군가는 앞선 설명의 구분이 가장 초보적이며 당연한 것이라고
할지도 모른다. 그러나 많은 학술 토론에서 어떤 활동이 내재적으로
가치 있다고 말하는 순간, 그것은 더 이상 정당화가 요구될 필요도
없고 가능하지도 않다는 가정을 당연시하는 상황을 볼 수 있다. 이
혼란은 명백하게 '이것이 그 자체로 좋다는 것은 더 이상 다른 것에
비추어 좋다는 근거가 없다'에서 '당신이 이것이 좋다는 이유를 댈
수 없다면, 내가 그 이유를 댈 이유도 없다'**로 치환된 결과 나타난
것이다.

분명히 다른 여타의 것과 관련된 가치를 발견할 수 없는 것들이
있다고 추론할 근거는 충분히 있다. 그것들은 사물 또는 활동의 내적
인 특징에 따라 평가받기 때문이다. 물론 이러한 근거가 비판받을 여
지는 충분히 있으며, 그것이 궁극적으로 정당화될 수 있는 것도 아니
다. 따라서 궁극적으로 추론의 연쇄 과정은 더 이상 부정할 수 없는

---

* saying that something is intrinsically good (or worthwhile) and saying that one
does it for its own sake.
** from 'This is good in itself and not good because of some further good it will lead
to' to 'If you cannot see why this is good, there are no further reasons I can give.'

일관된 기본 가정을 찾아야만 할 것이다. 그러나 앞의 제2장에서 지적한 '이것은 교육이라는 개념에 의하여 의미를 갖는 것으로서……' 라는 강압적인 단서처럼, '당신이 그 이유를 찾지 못한다면……' 이라며 논의를 끝맺어 버리는 경우가 다반사이다. 두말할 필요 없이, 이러한 언사는 가치 있는 활동을 왜 해야 하는가를 알고자 하는 데 실패한 사람에게 또 다른 권위에 복속하도록 하는 적개심과 좌절감을 맛보게 할 뿐이다. 현재 맥락에서 볼 때, 우리는 자명성에 관심을 갖는 것이 아니라 내재적 가치에 관심을 가지고 있으며, 다른 활동이 갖지 못한 내재적 가치에 대한 합당한 이유를 대는 일에 관심을 가지고 있다.

그 자체로 추구할 가치가 있는 것과
내재적 가치가 있는 것*

만약 어떤 활동이 내재적으로 가치가 있다고 주장한다면, 그 이유는 그 활동 속에서 찾아야 하지만, 어떤 사람이 내재적 가치 때문에 그 활동에 몸담아야 할 특별한 사정은 그 활동의 특징과 별도로 그 사람에게서 비롯된 것이어야 한다. 존 화이트(White, 1973: 17)가 지적한 것처럼, 특정한 사람에게 어떤 활동이 내재적으로 가치 있는 것이라고 말하는 것은 이 두 가지 구분을 엉망으로 섞어 버린다. 화이트

---

* Things Done for their Own Sake and Things Intrinsically Worthwhile

는 술주정뱅이가 위험한 무기를 가지고 장난하는 것과 같은 경우를 제외하고, 활동의 가치 여부는 주관적이라고 함으로써 그 자체로 가치 있는 활동은 없다는 것을 논의하고자 하였다. 화이트는 교육과정상 어느 활동이 가치를 지녔다는 근거는 그 활동이 어떤 개인에게 졸업 후 장차 폭넓은 선택을 가능하도록 하는 데 있으며, 그 개인이 선택한 교과 활동이라고 해서 그 활동이 그 자체로 내재적 가치를 지녔다든가 아니면 반드시 추구해야 할 당위성을 지녔다고 해석해서는 안 된다고 보았다.

어떤 활동은 일부 사람들에게는 가치 있지만, 그 밖의 다른 사람들에게는 가치 없다고 말할 수 있다고 해서 틀린 말은 아니다. 퇴비 덩어리는 농부에게는 가치 있는 것이지만, 마구간 주인이나 마부에게는 애물단지이다. 자신의 부대가 쌓은 과거 전적은 퇴역 군인에게 가치 있는 것이지만, 다른 사람에게는 그렇지 않다. 그럼에도 '가치 있다'는 말은 보다 객관적인 기준을 요구한다. 목하 검증하고자 하는 대상이 주관적으로 평가되는 것을 넘어서, 객관적인 근거에 비추어 평가되어야만 한다는 것이다. 경우에 따라서는 교환 가치를 내세워 공리적 관점에서 평가될 수도 있고, 정반대로 어느 경우에는 선호되기 때문에 가치 있는 것으로 평가되어야 한다고 주장한다. 이와 같은 관점에서 본다면, 어느 것은 수단적 가치의 측면에서 좋다는 것이고, 나머지는 목적적 가치의 측면에서 좋다는 것이다. 후자를 흔히 내재적 가치를 갖는다거나 그 자체로 가치 있다고 칭한다. 그러나 수단적 가치와 내재적 가치를 이처럼 양분하는 것은 사리에 맞지 않는다. 수단적 가치를 갖는 어떤 것에 대하여 반드시 우리가 원하는 그 자체로 가치 있는 또 다른 것이 반드시 존재해야 한다고 보는 데는 별 문제가 없다. 그 자체로 가치 있다고 추구하는 것 중에는 생존적 필요를 넘어서는 음식이나 도미노 게임, 일광욕 같은 것이 있다. 좀 더 많은 한계 소득을 얻기 위하여 일을 하는 것은 이렇게 내재적인 가치를 지닌 것을 얻기 위한 수단적 가치를 지닌다.

이러한 활동이 내재적 가치를 갖는다는 것은 크게 문제가 될 것이 없는데도, 우리는 이 활동을 내재적으로 가치 있는 활동으로 간주하지 않는다. 금욕적 청교도들은 이런 것을 가치 있는 것으로 보지 않고, 다른 것에서 내재적인 가치를 찾거나 심지어는 보다 실용적인 것을 추구할지도 모를 일이다.

우리가 그 자체의 가치를 가지고 추구하는 일 중에는 내재적 가치가 있어서가 아니라 일상의 사소한 재미 때문에 하는 것도 있다. 그런 것 중에는 밀이 19세기에 제시한 예(Mill, 1861: 10)인 핀 꽂기 놀이*와 같은 사소한 것도 있으나, 오늘날 많은 사람들은 사소하기는 하지만 품격 있는 일의 예를 많이 제시하고 있다. 당시 밀은 핀 꽂기 놀이를 시 감상과 대비하여 상대적으로 가치가 떨어지는 일로 간주했을 뿐이다.

사소한 일을 넘어서서 게임이나 스포츠 그리고 소일거리의 경우를 문제 삼자면, 이들은 여타의 인간 성취 활동에서 볼 수 있는 모종의 기능과 판단 능력을 요구한다. 그 자체의 가치를 가진 활동 중에는 구슬 놀이나 고리 던지기처럼 수준 낮은 것도 있지만, 개중에는

---

* pushpin

수년간의 연습과 정교한 판단력과 취향, 상당한 기능과 신체적 노고를 요구하는 활동도 꽤 있다. 이 활동의 참여자들은 활동의 규칙을 준수하거나 주어진 장애를 극복해야 하는 등 이 활동이 그리 쉬운 활동이 아니라는 것을 알게 된다. 골프장의 모래 구덩이를 파놓는 이유가 바로 그것이다. 사냥꾼은 여우를 잡는 경우에 말이나 개를 너무 빠르게 몰아서 잡기 쉬운 경우에는 사냥하거나 포획하지 않으며, 대서양을 가로지르고자 하는 요트 선수는 콩코드 비행기로 가는 것처럼 쉬운 코스를 결코 택하지 않는다. 활동을 '가치 있는 활동'으로 만드는 것은 구슬을 구멍에 집어넣는 것, 고리 던지기 또는 뉴욕에 도착하는 행위 그 자체가 아니라 활동의 과정에서 따라 나오는 기능, 판단, 용기를 갖추고 있는가에 달려 있다.

영향력 있는 교육철학적 관점에 따른다면, 많은 사람들이 하는 활동은 활동 자체의 수월성이나 그 자체의 관점에서 공리적 결과보다는 활동 참여자가 냉철한 정신을 가지고 수행할 수 있을 때 가치 있다고 여겨진다. 장인은 자신의 가공품의 가격에서 장인정신에 대한 긍지를 느낄 수도 있으며, 사업가는 자신이 획득한 이윤을 가져다주는 효율적인 경영 방식에 만족을 느낄 수 있고, 정치가는 정당을 집권하여 얻는 정치적 이익과 함께 자신이 추구하는 정치적 이상에 만족을 느낄 수 있을지도 모른다.

하지만 고도 문명의 지적 활동의 경우에는 활동에 내재한 기준을 엄격하게 충족시키는 것이 가장 우선시된다. 예술가는 더 이상 자신의 작품에 대하여 수입이나 대중적 인기라는 현실적인 요구에 타협하지 않는다. 과학자와 철학자는 자신이나 자신이 소속된 집단의 이익이 되는 경우에도 사실을 왜곡하거나 날조하지는 않는다.

논란이 되는 쟁점은 높이 평가되는 활동과 학교 교육과정에 핵심이 되는 활동이 대부분 지적인 활동이라는 점이다. 이 활동들이 엄격한 기준을 요구하는 도전적인 것이라는 점을 제쳐 놓더라도, 이 활동들은 진리 추구 정신, 합리적 비판력, 진리에 대한 열정 등을 요구한다. 이 가치는 이른바 '선험적' 정당화 방식*과 관련된다. 이 정당화 방식에는 누구나가 반드시 가치 있다고 평가하고, 참여해야 할 활동을 찾는 것과 이 활동을 통하여 자신이 갖게 될 합리적인 능력을 제대로 평가하지 못하는 것 사이의 불일치가 존재할 수도 있다.

어떤 활동이 다른 활동보다 엄정하게 추구할 만한 가치가 있다는 주장을 하려면, 우리 사회에서 성공한 사람들이 자신과 자신의 후손들이 어떤 일을 하면서 지내야 하는가를 고려하여 가장 많이 선택한 것을 가치 있는 것으로 여겨야 한다는 주장(Mill, 1861: 8)이 더욱더 합당한 주장일지도 모른다. 그러나 이 논의는 탐욕스러운 속물에게 별반 설득력을 갖지 못한다. 뿐만 아니라 이와 같이 그 활동을 왜 선정해야 하는가 하는 이유로 실제로 어떤 가치도 제시하지 못한다. 오히려 유행과 사회적 특권이 두말할 필요 없이 심리적인 유인가로서 확실하게 먹혀 들어갈 것이다(Arnold, 1869: 43). 예컨대, 매슬로(Maslow, 1954)는 음식과 안전에 대한 기본적인 욕구가 충족되었을 때만이 인간의 행동은 숙달, 자아실현 그리고 자존감과 같은 보다 높은 욕구

---

* 'transcendental' line of justification: 칸트의 논의에서 빌려 온 것으로서 피터스 (1966: 5장) 교수가 지적인 교과를 정당화하면서 채용한 논의 방식이다.

기제에 의하여 통제된다고 하였다. 이 논점은 사람들이 '흥미 있고', '몰입할 수 있고', '매력적이고', '변화 가능성이 있고', '새로운 행동 패턴에 항시적으로 적응하는 데 있어서 예측 불가능한' 활동이라고 명명된 '그리피스 활동' (Griffiths, 1965: 190)을 선호하는 이유를 제공해 준다. 그러나 어떤 사람들이 이러한 활동을 선호한다고 해서 그 활동들이 내재적으로 가치 있다고 할 만한 결정적인 근거는 되지 못한다. 일부 사람들은 그런 활동에 이끌려 갈 수도 있지만, 여타의 사람들은 그렇지 않기 때문이다.

어떤 활동이 자존감의 욕구를 충족시킨다는 사실이 그 활동이 필연적으로 평가받을 만하다든가 객관적으로 가치 있다는 주장의 근거가 되지 못한다. 자존감을 충족시킬 만한 활동이 되기 위하여 그 활동은 그 개인과 사회로부터 추구할 만하다는 인증이 반드시 필요하다.

많은 활동의 내재적 가치가 자의적인 것이 아니며, 그 활동을 추구하도록 하는 것이라는 보다 세련된 주장은 다음과 같다. 무엇인가를 잘한다는 것은 그 활동에 참여한 사람이 최악의 상황에서 그 활동을 잘하려고 노력해야 하는 가운데서 그 활동을 하는 것이다. 가장 진부한 예를 들자면, 자신이 최악의 상황에서 골프를 친다는 것은 가능한 한 가장 적은 타수에 공을 구멍에 넣는 것을 가리킨다. 이것 말고 골프를 치는 경우를 설명할 수 없다. 최고의 골퍼들조차도 다른 사람들이 하는 방식에 의거하여 경기를 한다. 물론 '왜 골프를 치는가?' 하고 물을 수는 있지만, 논점은 여전히 어떤 신체적 활동을 시도한다는 것이 곧 그 활동을 최대한 기술적으로 잘하려는 데 있는 것이며, 보다 기술적으로 잘하려는 사람이 곧 그 활동을 잘하려는 사람이라는 데 머물러 있다. 활동의 내적 기준에 의거하여 활동을 규정하면, 상대주의가 비집고 들어올 틈은 없다.

마찬가지로 노래를 부르고자 하는 사람은 멜로디와 화성에 맞춰 노래를 불러야만 한다. 신참 도공(陶工)조차도 자신이 만든 도자기가 보기에도 좋고 방수가 잘되는 그릇이기를 바랄 것이며, 물리학을 탐구하는 사람은 자신이 세운 가설이 실증적으로 입증되기를 원한다. 물론 대가가 되기 위한 과정에 있는 각 방면의 초보자들에게 음악성, 심미적 표현과 타당한 증거 확보의 측면에서 보다 고차원적인 해석이 요구될 것이며, 단순한 해석은 진부하거나 무의미한 것으로 거절당할 것이다. 어느 경우에도 신참자의 이해 한계를 넘는 활동의 기준이라는 이상이 존재한다. 교육에도 이와 같은 일이 벌어진다. 학생과 마찬가지로 선생에게도 자신들이 추구하고 있는 활동의 본질을 제대로 파악하지 못하는 경우가 있을 수 있다. 그러나 상대주의자들이 주장하는 것처럼 선생이 학생에게 교과 활동에 대한 자의적인 관점을 강요하는 것은 아니다. 뛰어난 재능을 가진 자신의 학생은 그 활동의 대가가 수행한 것과 같은 방식으로 활동의 가치를 체득할 수 있다. 아이들이 음악, 미술, 과학 활동을 할 경우, 아이들이 몰두하는 활동에 보내는 찬사는 거짓이 아니며, 아이들을 격려하고 건설적인 비판을 해 주는 것이 결코 그들을 속이는 겉치레가 아니다.

이 논점은 바로 교육자들이 왜 수월성에 많은 가치를 부여하는지를 이해하는 단서가 된다. 어떤 활동의 성취 기준은 그 활동에 참여하여 평가하지 않을 수 없는 가치에 대한 기준이다. 우리가 일상적인 행위에서 그 기준을 평가할 수 있다면, 그것은 논리적으로 최상의 상태로 평가받을 수 있는 일상의 행위를 수행할 수 있다는 것을 의미한다.

두말할 필요 없이, 수월성을 높게 평가한다고 해서 그것이 곧 수월성을 제외한 다른 근거, 즉 도덕적 가치와 여타의 합당한 교육 목적을 제쳐 놓아도 좋다는 것을 의미하지 않는다. 이에 대하여 화이트는 인문 중심 지적 교과들의 추구가 아이들을 불행하게 하고, 전인적 발달을 방해하는 균형 잃은 교육 프로그램이라고 적절하게 비판한 바 있다(White, 1982: 16-17). 여기서 우리는 아이들을 특정 상류계층의 문화로부터 보호한다는 핑계로 수월성의 원리에 따라 이루어지는 교육을 자원의 분배가 공정하지 못하므로 거절해야 한다는 주장이 정당하다고 생각할지도 모른다.

내재적으로 가치 있는 활동의 또 다른 국면으로서, 화이트는 '어떤 활동 또는 어떤 삶의 유형이 아이의 미래 생활에 내재적으로 가치 있다'(White, 1973: 17)는 논거에서 특정한 아이의 미래의 삶을 재단할 수 없다는 점을 지적하고, 사람들이 어떤 특정 활동에 아이들을 참여시키지 않는다면 도덕적 죄책감을 가져야 한다는 교육적 접근 방식을 비판한 바 있다.

결국 우리는 의심의 여지없이 화이트와 이 두 가지 논점에서 일치하고 있는 셈이다. 그러나 이 논점을 오해하지 않도록 하려면 구분되어야 할 것이 있다.

한 개인이 장래에 몸담게 될 활동이 무엇인지를 우리가 미리 알수 없다는 것은 사실이다. 개인의 장래 활동은 부분적으로는 당시의 기분, 역량, 개인의 취향과 여가 활용 능력 그리고 가까이 지내는 타인의 권유 등에 의하여 결정될 수 있다. 그러므로 어떤 활동이 딱 부러지게 가치 있는 활동이라고 단정하여 제시한다는 것은 정당화되기 어려운 고약한 일이며, 현재 상황이나 미래 상황에 비추어 여러 가지 부담을 안겨 준다. 그렇지만 수준 높은 특정한 지적 활동은 많은 개인들에게 상당한 만족감과 풍성함을 안겨 주며, 이는 아이들에게도 마찬가지 상황을 제공할 것이다. 이들 활동을 가르치기에 적합한 방식으로 제시하지 않는 한, 교육받지 않은 이들에게는 접근이 불가능할 것이다. 특히 이러한 문화를 근접하기 어려운 가정환경의 아이들이 이 활동들을 수용하기는 어려울 것이다. 학생들이 이러한 활동을 배워야 한다면, 그것은 여태까지 거칠고 문명화되지 않은 것에 대한 대가로 학생들이 그 활동에 입문해야 한다는 것이 아니라, 그 활동들이 배울 만한 가치가 충분히 있기 때문에 그 활동을 배울 기회를 제공해야 한다는 것을 의미한다.

특정 교과 활동에 참여해야 한다는 진정한 의미는 한 개인의 도덕적 차원과 중요한 관련을 맺고 있다. 물론 그러한 교과를 배운 개인은 그 교과가 당장은 자기 자신에게 별반 이익을 가져다주지 않는다 하더라도, 정직함, 공정함, 타인에 대한 배려와 같은 덕목을 학습하게 된다. 그러나 그 자체로 가치 있다는 취지에서 어떤 활동을 왜 배워야 하는지를 따져 보는 것은 그 개인의 입장에서 여전히 매우 중요한 문제로 남는다. 이 활동들은 개인의 직업과 관련을 맺을 수도 있다. 심지어 수입이 좋은 직업을 가진 많은 사람들조차 자기가 번 수입보다 더 많은 수입을 위하여 일에 뛰어든다. 그러나 사람들은 금전적 수입 이외의 다른 이유로 일을 하기도 한다. 그것은 모르긴 해도 전통적으로 내려오는 '상류 문화'를 추구하는 경우도 있지만, 어떤 경우에는 덜 천박한 직업이나 소일거리를 선택하는 경우도 있다.

학교의 특별활동 시간이나 사교클럽에서 특정 게임을 가르치기도 한다. 이런 활동들은 건강 관리나 사교 또는 팀원 유대와 같은 목적을 위한 것이기도 하지만, 선생과 학생 간의 비공식적 유대 강화나 대외적으로 좋은 이미지를 창출하고자 하는 목적을 위한 것일 수도 있다. 그런 것도 아니라면 교육에 동정적이지 못한 사람들이 이러한 활동을 아주 가치 없는 것으로 간주해 묵살해 버릴 것이다.

뭔가를 배우고 싶어서 배우거나 좋아서 배우는 것은 매우 적절한 이유가 될 뿐만 아니라, 아이들을 기르는 데 있어서 간과해서는 안 될 중요한 이유가 된다. 교과 활동이 무엇이 되었건 간에 그것은 사람들이 배울 만하다고 여겨지거나 상당 기간 몰두해도 좋다는 것이 입증되어야 한다. 가장 핵심적인 사안은 교과 활동이 대학 입학이나 취업 전선에서 요구하는 자격 요건을 추가적으로 획득하는 것으로 여겨져서는 안 된다는 점이다. 어떤 활동의 내재적 가치에 몰두할 만한 능력 없이 성장한다는 것은 자신의 삶을 만족스럽지 못한 황폐한 것으로 만들어 버린다.

이러한 사람은 사실상 노예나 다름이 없다. 자기 자신이 추구하는 목적이 없다면, 그는 결국 타인의 삶의 목적에 봉사하는 꼴이 된다. 그런 사람은 정확히 말하자면 다른 사람에 의하여 당근과 채찍의 원리에 따라 이용당하는 사람에 불과하다. 또한 그런 사람은 임금이나 단지 근무 조건에 얽매여서 이 직업 저 직업을 전전하거나 이 지역 저 지역을 떠돌아다니는 사람이다. 자기 자신이 추구하는 것이 오로지 어디다 당장 써먹을 수 있을까 하는 단기적 유용성 이외의 어떤 가치판단력도 없는 것이라면, 그 사람은 결국 굴욕적이고, 타락하기 쉬우며, 다른 사람에게 소모품으로 이용당하기 쉽다. 권위주의적 국가와 독재 정권이 내재적 가치를 지니는 활동에 대하여 매우 회의적인 것은 결코 놀랄 만한 일이 아니다.

화이트가 누구나가 필히 참여해야 할 활동이 존재하지 않는다고 예리하게 지적하였지만, 그는 활동에 실제로 참여해야 한다는 것과 가치 있는 활동을 이해하고 존중하는 것을 구분하지는 못하였다. 실제로 참여해야 한다고 판단되는 활동들은 개인에게 영향을 주는 요소가 다양한 만큼 개인에 따라 천차만별일 수 있다. 그런 제한을 감안하여 선택이 이루어진다. 아마도 다른 사람들이 선택하여 몰두하는 활동을 한 개인이 거부하는 것이 반드시 비합리적인 것은 아니라고 화이트는 판단한 듯하다.

그러나 우리가 상황이나 기분에 관계없이 존중해야만 하는 것은 반드시 존재한다. 등산을 하지 않기로 결정한 경우 내가 등산을 반드시 해야 하는 합당한 근거는 없다. 그러나 에베레스트 정복이 '단순히 시간과 돈 낭비'라고 치부하는 것은 나의 천박한 생각에 불과하다. 에베레스트 정복에는 세심한 기획, 용기, 판단력, 고도의 기술과 같은 고도의 능력이 요구되며, 에베레스트 정복에 대한 존중과 찬사는 이에 따른 합당한 것이다. 두말할 필요 없이, 이는 지적이고 심미적인 교과 활동에도 똑같이 적용된다. 외부의 관찰자 입장에서 그 활동의 내적 실상을 볼 수 없고, 고난도의 활동이 포함하는 수월성을 이해할 수 없으니까 그 활동을 무지한 상태에서 거부해 버리는 것이다. 때로 이 활동의 가치를 아는 이들이 그렇지 않은 이들을 경멸한

데 대한 반작용으로 이러한 거부가 나타나기도 한다.

교화와 정당화되지 않은 제한에 대한 화이트의 혹평은 어떤 교과 활동에 의무적으로 참여시키는 것이 학생들을 강제로 참여시키는 것으로 변질된 경우에 한하여 매우 타당해 보인다. 그러나 그의 혹평은 그 자체로 가치 있어서 존중되어야 할 활동에 학생들이 반드시 참여하도록 해야 한다는 주장에 적용되어서는 안 된다. 아마도 두 가지는 좋은 활동을 이해하는 것이 그것에 반드시 참여하는 것을 전제한다는 플라톤의 주장에 피터스가 신중한 입장을 취한 것(Peters, 1973c: 250)을 상기할 필요가 있다. 좋은 것을 이해한다는 것은 분명히 그것이 왜 좋은지와 그것이 왜 존중되어야 하는지를 아는 것이다. 그러나 어떤 활동이 존중받을 만하다는 것을 아는 상황에서 많은 사람들이 그 활동에 즉각적으로 몰두할 만한 충동을 느끼지 못한다면 그것은 이상한 일일 것이다. 그러나 실제 상황에서 사람들이 그러한 활동에 몰두할 채비가 되어 있는가의 여부는 실질적인 기회 부여의 여부나 심리적 상태 등에 따라 좌우된다.

학생들이 『전쟁과 평화』를 필독해야 하는가, 심포니 오케스트라에 반드시 참여해야 하는가를 도덕적 의무와 혼동해서는 안 된다고 한 화이트(White, 1973: 16)의 세 번째 지적은 타당하다. 그러나 이 혼동은 분류상 혼동이지 필연적인 혼동은 아니다. 『전쟁과 평화』를 읽고 거기서 지적 희열과 감동을 받은 성인이 그것을 다른 사람들과 공유하고자 하는 것은 당연하며, 이는 화이트의 주장과도 배치되지 않는다. 그런 경험은 우리 삶을 황폐하게 하는 것이 아니라 풍요롭게 한다. 그러나 그것을 읽고 즐겨야 한다는 도덕적 의무가 성립하는 것은 아니다. 더구나 그것을 어떤 즐거움도 없이 읽게 한다는 것은 아무 의미가 없으며, 누구에게도 도움이 되지 않는다.

오히려 개인의 지식을 넓혀 주고, 개인의 재능을 개발해 주는 기회를 무시해 버리는 것이 비합리적인 처사일 것이다. 그러나 인생은 짧고 할 일은 참으로 많다. 재능의 개발은 입증될 때까지 기다리거나 무시할 문제가 아니라 높이 평가되고 존중되어야 할 사안이다. 도덕적 평가가 아니라 개인 스스로가 결정해야 할 인생사 문제이다. 만약 한 개인이 자신의 재능을 개발하는 것을 스스로의 의무로 간주한다면(그리고 자신의 재능 개발이 의심의 여지없이 스스로를 향상시킨다고 간주한다면), 이것은 불완전 의무*에 해당한다. 일반적으로 우리가 자기 개발을 함에 있어서 다른 사람들로부터 도움을 받는다 할지라도 개인의 자기 개발 행위를 하지 않는 것으로 인하여 다른 사람이 피해를 보지 않는 한, 우리는 자기 개발 행위를 언제, 어떻게 할 것인가에 관한 자의적인 재량권을 행사한다.

내재적으로 가치 있는 활동에 학생들을 입문시키는 것과 관련된 교육 목적에 관한 논의를 이 장의 중요한 논점으로 시작하였다. 이에 관한 단초로서 진리와 가치의 기준이 자의적인 것이며, 학교에서 가르치는 교과목이 사회적 분화를 조장한다는 상대주의 입장을 개괄하고 그 부적합성을 지적하였다. 이어서 교과를 통하여 사회적 효용성

---

* a duty of imperfect obligation. 제8장 주(146쪽) 참조. 이를 저자의 논의와 결부시키자면, 자기 개발 의무는 불완전 의무에 해당하기 때문에 이를 게을리하는 것은 남에게 해를 끼치지 않는 한 남들이 간섭할 문제가 아니라는 것이다. 이 근거에서 화이트의 비판이 적절하다는 지적을 하고 있다.

을 증진시킨다는 온정적 관점을 검토하였다.

어떤 활동이 내재적 가치를 갖는다면, 내재적 가치는 목하 문제가 되는 활동을 특징짓는 내적인 기준에 의하여 성립한다. 내재적 가치를 지닌 활동을 이해하고 평가하기 위하여 제시한 합리적인 방안은 그 활동에 의무적으로 참여하는 것이 도덕적 의무 때문이 아니라, 인생에 있어서 그 활동의 내재적 가치가 결정적인 요인이기 때문에 성립한다는 점이다. 개인의 내재적 활동에 대한 참여 여부는 심리적인 요인이나 그 밖의 주변 여건에 따라 결정될 수 있다는 점을 지적하였다.

가장 중요한 논점은 내재적 활동의 적합성 여부는 행위자의 참여와 능력에 의존한다는 점이다. 논의의 과정에서 지적 활동의 교과들은 내재적 가치를 지닌 활동의 일부를 구성하는 하위 영역임을 지적하였다. 이렇게 함으로써 내재적 가치를 지닌 활동은 합리성의 본질과 합리적 탐구의 맥락에서 정당화될 수 있다는 점을 확인하였다. 이 논의는 다음 장에서 보다 상세하게 살펴보기로 한다.

12
인지 능력의 중요성

일반적으로 가치 있는 활동으로서 지적 활동은 끌릴 만큼 많은 매력을 가진 활동이라고 여겨진다. 어떤 이에게는 지적 활동이 항상 즐길 만한 기쁨을 주는 것은 아니지만, 그것은 적어도 집중적으로 몰두할 만한 가치가 있는 것이다(Elliott, 1977). 지적 활동은 그 영역이 무한하고, 진지한 것이며, 또한 상당한 도전감을 주면서도 그 대상의 성취에는 배타적 경쟁이 없다는 특징을 지닌다. 과학적 발견을 하거나 새로운 철학적 논의를 하는 것은 같은 일을 하는 이들의 기회를 박탈하지 않고 가능한 일이다. 이러한 활동은 도전감을 안겨 주며 완성을 향한 무한한 단계적 변화의 기회를 제공해 준다. 이러한 활동은 그 학문이 만족시키는 수준을 요구하며, 동시에 지력, 각고의 인내심, 성실함, 명료함, 증거와 자의적이지 않은 판단을 존중하는 것과 같은 지적인 덕목을 일반적으로 요구한다. 스포츠와 게임도 역시 내재적 가치가 있기는 하지만, 지적 추구는 이와는 대조적으로 개인의

223

삶과 세계에 대하여 '심각하게' 볼 줄 아는 안목을 추가적으로 요구한다.

이 외에도 지적 추구는 지식과 합리성과 관련된 덕분에 여러 가지 이득을 안겨 주기도 한다. 지적 추구가 지식과 합리성에 대한 정당화 논의와 관련하여 잘 알려진 두 가지 논의부터 살펴보기로 한다.

피터스(Peters, 1966: 157-166)에 따르면, '왜 저 활동이 아니라 이 활동인가?'*를 심각하게 질문하는 사람은 그 질문의 답을 찾기 위한 모종의 일에 이미 몸담고 있다는 것이다. 우리가 추구할 수 있는 다양한 지적 탐구는 피터스가 주장하듯이 이 질문에 대한 답에 모종의 시사점을 던져 주기도 하지만, 그 활동에 담겨 있는 탐구 행위에 몸담지 않으면 그 활동이 의미하는 바를 전혀 알 수 없다. 그의 주장인즉, 특정 활동을 왜 하는가 하는 질문을 심각하게 한 사람은 이미 그 활동의 탐구 행위에 몸담고 있다는 것이다.

논의 방식의 틀은 같지만, 허스트(Hirst, 1965)는 피터스와 강조점이 약간 상이하다. 허스트의 논문**이 표면적으로 말하고자 하는 요

---

* 'Why do this rather than that?'
** 주지하는 바와 같이, 이 논문은 허스트 교수의 '지식의 형식' 이론이 1965년에 발표된 「자유교육과 지식의 본질(Liberal Education and the Nature of Knowledge)」을 가리킨다. 이 논문은 애초 Archambault, R. D., *Philosophical Analysis and Education*(London: Routledge and Kegan Paul, 1965)에 수록되어 있지만, 그 이후 Dearden R. F., Hirst, P. H. and Peters, R. S. (eds.), *Education and the Development of Reason*(London: Routledge and Kegan Paul, 1972); Peters, R. S. (ed.), *The Philosophy of Education*(London: Oxford University Press, 1973); Hirst, P. H., *Knowledge and the Curriculum*(London: Routledge and Kegan Paul, 1974)에도 수록되어 있다.

지는 각 교과를 구분하는 다양한 종류의 지식의 형식이 있으며, 그것은 각기 교과별로 독특한 중심 개념, 논리적 구조, 탐구 방식과 진리 및 타당성 검증 방식을 갖는다는 것이다. 이러한 지식의 형식과 경험의 양식을 이해하는 것은 곧 마음의 발달에 필요한 구성체를 획득하는 것이다. 이 과정의 정당성을 묻는 것은 이를테면 지식을 왜 추구하는가를 묻는 과정에 관한 타당한 지식을 이미 찾고 있다는 것이다. 허스트의 주장인즉, 어떤 활동의 정당화를 묻는 사람이라면 그는 그 정당화 과정이 어떻게 되는가를 합리적으로 물을 수 없다는 것이다. 게다가 모든 지식의 형식은 우리의 도덕적 이해, 즉 우리가 어떻게 살아가야 하는가와 무엇을 해야 하는가와 같은 도덕적 질문에 기여하고 있다는 것이다.

피터스와 허스트의 논의에는 각기 다른 두 가지 논점이 강조된다는 것을 지적하지 않을 수 없다. 첫째, 어떤 활동을 해야만 하는가, 또는 특정한 활동에 왜 몸담아야 하는가를 심각하게 묻는 사람이 그러한 심각한 활동을 추구하는 일에 이미 몸담고 있다는 사실을 의심하는 것은 논리적이지 못하거나 모순이라는 주장이다. 둘째, 다양한 지적 활동의 형식은 이미 개인이 무엇을 해야 하는가, 또는 어떻게 행동해야 하는가에 대하여 이미 답을 던져 주고 있다는 것이다. 이 두 가지 논의 방식을 구분하는 일은 매우 중요하다. 왜냐하면, 자주 언급되는 타당한 반론은 주로 첫 번째 주장에 관련되어 있으며, 두 번째 주장은 논급하지 않고 있기 때문이다.

누구보다도 화이트(1982: 10-14)는 첫 번째 주장을 기각하려고 한다. 그는 '내가 지식을 왜 추구하는가?'를 묻는 것은 진리에 대한 관심을 묻는 것일 수 있지만, 이 질문은 특정한 활동에 한정된다고 주장한다. 누군가에게 시간을 묻는 질문이 시간에 대한 탐구를 하라는 것이 아닌 것처럼, 이 질문은 지적 탐구 전반에 대한 헌신을 의미하는 질문이 아니다. 화이트의 주장인즉, 우리가 지식의 추구가 자기 정당화된다는 관점을 과거에 이미 받아들였다면, 이 질문은 더 이상 수용할 만한 다른 이론이 필요 없게 된다. 이와 관련하여 화이트는 절대정신처럼 신은 자연에 산재해 있으며, 인간의 의식 세계를 통하여 자기 자신을 구현하려 한다는 헤겔의 관념론과 문제 해결의 과정에서 인간 경험의 성장이 인류의 진보에 결정적인 역할을 한다는 듀이의 진화론적 윤리학을 지적하고 있다.

교육사상사를 추적하면서 이러한 지적을 한 화이트의 주장은 매우 흥미로우며 단호하다. 비록 많은 사람들의 눈에 신뢰하지 못할 만한 것으로 비칠지 모른다 해도, 타당하지 않은 이론에 근거한 관점이 그르다는 것을 입증하지 못한다는 점에서 화이트의 논점은 한계를 지닌다. 그러나 목하 언급한 첫 번째 논의의 일부는 다른 여러 이유 때문에 부정되기에 충분하다.

이와 관련하여 개인적 특징과 관련하여 빠지는 순환론*이 있다. 이 논법을 반대하는 사람은 모름지기 말도 안 되는 부당한 질문을 한 것처럼 비난을 받을지도 모르지만, 지적 활동이 왜 높게 평가받아야 하는지를 뒷받침할 만한 근거가 여전히 제시되지 못한 것은 사실이

---

* circular *ad hominem* quality: 뒤에 논의가 이어지듯이, 지적 활동의 가치는 그 활동을 왜 추구하는가 하는 질문을 하는 사람에게만 정당화 근거가 주어진다는 순환론.

다. 그 결과 '이러한 활동은 왜 추구되어야만 하는가?'라는 중요한 질문을 마냥 문제 삼지 않고 내버려 둔다. 허스트(Hirst, 1965: 126-127)가 지적한 것처럼, 정당화 과정의 정당화를 묻는 질문에 모순적인 측면이 있다는 것이 사실이라 하더라도, 이 질문은 궁극적으로 답이 없는 채 남겨질 것이며 이에 따라 우리는 여전히 불만족스러운 혼란 상태에 놓이기 때문이다. 정당화를 묻는 사람은 이미 정당화의 과정에 몸담고 있는 것인지는 모르지만, 이것이 그 밖의 다른 사람에게는 적용되지 않는다. 그럼에도 허스트와 그보다 한 걸음 더 나아간 피터스는 다른 논의에서, 내가 보기에 매우 만족스럽게 지적 활동 추구의 정당화 근거를 제시하고 있다.

화이트의 반론과 그를 지지하는 베일리(Bailey, 1984: 38)의 비판은 피터스의 논의를 충분히 소화하지 못하는 듯하다. 온전한 방식으로 정당화에 관한 질문을 하는 사람은 그 질문에 대한 답을 구하고자 한다는 점에서 진리에 대한 관심을 표명한 것이며, 이 외에 다른 별개의 것이 아니다. 그러나 '좋은 삶의 본질이 무엇인가?'에 관한 일반적인 질문이나 '특정 개인이 어떤 활동에 헌신해야 하는가?' 하는 질문은 화이트(White, 1982: 10)가 검증하고자 한 '왜 지식을 추구하는가?'라는 제한적 질문을 하는 사람에 의하여 심하게 왜곡된다. 피터스가 매우 명백하게 지적한 논점(Peters, 1966: 161; 1973c: 258-262)은 이러한 질문이 상당한 지식과 일관된 성찰 없이는 답해질 수 없는 심오한 질문이라는 것이다. 이를테면, 사람은 세상이 어떻게 생긴 것이며, 인간사가 어떻게 전개되며, 우리 자신을 포함한 모든 인간의 삶의 조건은 무엇이며, 인간이 추구하는 가치는 어떻게 정당화되는 것이며, 경우에 따라서는 인생의 초자연적인 측면이 무엇인지를 알 필요가 있다. 좋은 삶의 본질이 무엇인가를 알고자 심각하게 탐구하는 사람―이 경우는 단순히 시간을 묻는 사람의 경우와는 다르다―은 현재와 과거의 사람들이 성찰하고 탐구한 결과에 관심을 가질 것이다.

그리고 정확하게 말하자면, 이러한 성찰과 탐구 결과가 인간의 마음을 구성하는 요소이며, '지식의 형식'이고, '경험의 양식'인 것이다. 지식의 형식을 구성하고 있는 활동은 그 활동에 참여하지 않는 한 온전하게 이해할 수 없다. 그래서 이러한 것에 대한 심각한 성찰은 우리가 단순한 습관이나 관습, 맹목적 무관심이나 타인의 요구에 이끌리기보다는 타당한 근거를 가지고 자유롭게 살도록 하는 것이어서 우리의 삶을 가치 있도록 하는 '검증된 삶'*의 필수 요인이 된다.

지적 추구에 대한 이와 같은 논증이 수단적 가치를 갖는다고 생각할 수도 있다. 이 논의 방식은 마치 농부가 헛간의 쥐를 잡기 위하여 어떤 쥐약을 사용할 것인가를 농약 카탈로그를 참고하는 것과 같은 방식으로, 여러 가지 지식의 형식을 배우는 것이 곧 우리가 어떤 삶을 선택하는 데 있어 수단을 제공하는 것으로 비추어질 수도 있다. 피터스(Peters, 1973c: 258)는 용모가 단정치 못한 사람이나 나태한 사람으로 보이지 않으려고 선택의 여지없이 몸매 관리를 하는 사람과 자유로운 선택을 가능하게 하는 지적 활동을 추구하는 것을 대비시킴으로써 이러한 유추가 잘못된 것임을 입증하려고 하였다. 피터스에 따르면, 현실적 적합성의 근거는 단순히 경험적 조건에 의존하여

---

* the 'examined life'

그것이 수단적 가치를 제공하지만, 합리적 선택과 정당화 문제는 '적합성', '증거 제공', '증명' 그리고 '설명'과 같은 개념을 통한 논리적 관련을 맺고 있는 지식 및 이해와 관련된다는 점에서 차이가 있다.

어떤 삶을 살아야 하는가를 판단하는 데 요구되는 안목은 그러한 선택을 하는 데 있어서 필수적인 부분이다. 이제까지 논의한 것처럼 우리가 삶에 있어서 심각한 선택을 하고자 한다면, 그러한 선택에 무엇이 합당한 것으로 요구되는가를 심각하게 고려하지 않고서는 불가능한 일이다. 이와 대조적으로 몸매 관리를 해야겠다고 결정하는 일은 그것이 삶에 절실한 일이라 할지라도 우리 신체의 구조와 기능을 이해하는 것만으로 가능한 일이다.

농부가 어떤 쥐약을 사용할 것인가를 알 필요가 있는 것도 다소 차이는 있지만 역시 부수적인 일이다. 쥐약이 필요한가는 쥐를 잡을 필요가 있다는 사실 다음에 따라오는 것이며, 여기에 또 다른 고려 사항이 부가된다. 어떻게 살아가야 하는가의 문제는 누구에게나 필연적으로 따라오는 문제이며, 이 문제를 현명하게 해결하고자 하는 모든 사람이 선택해야 할 관심사이다.

전인적 역량과 학문적 소양을 전달해야 하는 일과 무관하게 일상사에 매인 이들에게 이 일이 어떤 부담으로 여겨지는가를 설명할 필요가 있다.

우선 정당화 논의는 앞서 소개한 철학자들의 몫으로 여겨질지도 모른다. 지금까지 논의에 비추어 보자면, 지적 활동에 몸담고 있는 사람만이 '내 인생에 있어서 어떤 활동을 하며 살아야 하는가?'와 같은 종류의 질문을 던질 수 있을 것처럼 보인다. 그래서 나머지 많은 사람들에게는 이러한 질문이 별반 의미를 지니지 못할 것처럼 보인다. 고대 그리스의 자유인 신분의 농부와 18세기 여유 있는 귀족만이 자기 시간을 어떻게 보낼 것인가를 고민했을지도 모르지만, 대부분의 사람들에게 주어진 문제는 생존을 위하여 반드시 해야 할 일을 생각하는 데 시간을 소비하는 것이다. '내 인생을 어떻게 살아야 하는가?' 하는 질문에 대해 일상사에 지친 사람들은 '나는 지금 나와 상관없는 당신의 문제를 안고 있는 듯하다'는 반응을 보일 것이다. 이 질문은 사람들이 실제로 자신의 삶을 선택하는 데 대한 심각한 질문이 될 수도 있지만, 이 질문이 자신의 삶을 교묘하게 뒤에서 조종하는 이데올로기에 의하여 진실이 감춰져 있다는 것을 알게 하는 질문만은 아닐 것이다. 그러나 이 문제를 이데올로기 문제로 보는 것도 사태를 부적절한 방향으로 모는 것이다. 동물이나 기타 생물과 달리 인간은 외부 자극에 대한 즉각적인 반응이나 유전적 배열에 따른 프로그램에 전적으로 의존하여 삶을 영위하지는 않는다. 우리 행동의 많은 부분이 자극과 반응의 연쇄로 설명되지 않는다. 오히려 우리 자신과 타인의 행위 기준을 마련하고, 이에 따라 평가하는 사회제도와 실천적 장면에 입각하여 우리 행동이 설명된다(Oakeshott, 1971: 43-47). 우리의 행동이 관습에 따라 이루어진 경우에도, 우리는 선택 여하에 따라 행동을 변경할 수 있다. 이런 측면에서 인간은 좋든 싫든 간에 자유로운 존재이며, 빼도 박도 못하게 '이성의 요구에 종속된' 존재(Peters, 1973c: 254)이다. 그래서 인간은 늘 '이것이 과연 내가 원하던 것인가?', '이것이 과연 내가 해야 할 일인가?', '도대체 내가 이 일을 왜 해야 하는가?', '이 이유가 과연 타당한가?' 하는 따위의 질문을 달고 산다. 이런 질문을 전혀 생각해 본 적도 없다고 하는 사람들도 가만히 들여다보면 이러한 질문을 하고 있다.

이러한 선택은 엘리트 집단에서만 가능하다는 주장도 사실을 들여다보면 과장된 측면이 있다. 우리는 비록 먹고사는 일에 매여 바쁜 나날을 보내면서 이러한 심각한 질문을 제쳐 놓고 있는 것처럼 보여도 일상생활에서 '이것을 내가 진정 원해서 하는 것인가?', '좋아서 하는 것인가?' 하는 질문을 수시로 하면서 살고 있다. 취업 기회가 제한된 시절의 서양 사회에서조차 직업 선택은 다음 단계에서 어떤 학교교육을 받아야 하는가를 결정해야 하는 모든 이들이 직면했던 심각한 문제였다. 물론 직업 선택의 실질적 기회가 제한되어 있어서 오늘날 우리가 마냥 자유롭게 직업을 선택할 수 있는 것과 같은 처지에 있었던 것은 아니다. 그러나 비록 제한된 직업 선택 여건에서도 사람들은 직업을 전적으로 먹고사는 문제에 국한하여 선택하지는 않는다. 어떤 직업은 자신의 입장에서 수용하기 매우 어려운 것도 있고, 어떤 직업은 자존심을 떨어뜨리거나 수치심을 느끼게 하기 때문이다.

직업 영역 이외에도 개인은 다른 사람과 어떤 관계를 맺으며 살아야 하는가와 같은 삶의 방식 문제에서도 선택을 해야 한다. 또한 여가와 관련하여 어떤 활동을 하고, 지출은 어느 정도까지 해야 하는가를 결정하기도 해야 한다.

원시 공동체에서 개인에게 주어진 선택의 폭은 서양 역사상 가난했던 시절보다 더 제한되었을 것으로 보인다. 그 결과, 이제까지 논의한 인지적이고 사변적인 활동이 문명의 혜택을 못 받는 대다수의 사람들에게 별로 영향을 주지 못한 것이 서양 문명의 실체로 드러난 것처럼 보인다. 그러나 중요한 점은 모든 사회가 그 구성원의 생존 방식과 어떻게 살아가야 하는지를 가늠하는 신념과 가치를 공유한다 는 점이다. 실제로 이 사실을 부정하기는 어려울 것이다.

이에 관하여 두 가지를 언급할 필요가 있다. 하나는 사회의 신념 과 가치 체제가 삶의 방식을 규율한다고 해서 그것이 삶을 결정해 버 리는 것은 아니라는 점이다. 원시 부족민이나 농노는 틀림없이 발레 무용수나 공학자가 될 가능성이 없었을 것이다. 집단 내의 자신의 신 분 때문에 그럴 가능성이 박탈당한 것이다. 그러나 그 제한된 여건 속에서 그들은 때로는 용감한 전사(戰士)나 사냥꾼, 또 어떤 경우에 는 제전(祭典)의 경건한 집사 그리고 유능한 경작농이 될 수도 있었 다. 그러한 체제 속에서 어떤 이들은 순응하며 살아갔을 것이며, 또 한 개중에는 불평 불만자, 반항아, 반역자, 체제 부정자들도 틀림없 이 있었을 것이다.

다른 하나는 사람의 행동을 규율하는 신념체제가 있다면, 모든 사 람은 자신들의 신념이 참된 것인가를 알고자 하는 생활 자세를 갖게 된다는 점이다. 신념은 풍성한 수확을 보장해 주는 최선의 방법, 일정 량의 식사를 규칙적으로 해야 한다는 것, 언덕 위 취락에서 보다 안락 한 생활을 할 수 있다는 것, 몰래 간음한 사람에게 내세의 가혹한 형 벌이 기다리고 있다는 것과 같은 일상사와 관련을 맺고 있다. 이러한 일상사와 관련된 자신의 신념이 잘못된 것이라면, 사람들은 일의 사 태를 해결하기 위하여 뭔가를 더욱더 알려고 할 것이다. 원시사회에 서나 문명사회에서나 개인은 선택 기회가 한정되어 있고, 자신에게 주어진 선택의 본질을 제대로 파악하지 못하여 그에 대한 값비싼 대가를 치르기도 한다.

진리를 향한 검증, 비평의 절차 등과 관련하여 우리가 추구하는 다양한 지적 탐구는 우리로 하여금 편협하고 수긍하기 어려운, 이를테면 베이컨의 종족의 우상, 동굴의 우상, 극장의 우상, 시장의 우상과 같은, 그릇된 신념에서 벗어나게 해 준다.

이 점은 '서양식' 합리성이 우월하다는 오만한 주장이 아니다. 명백히 밝혀지겠지만, 논점은 모든 인간은 무엇이 자신에게 최선의 수단이 되는가를 스스로의 신념에 따라 면밀하게 검토하는 일에 관심을 많이 가지고 있다는 것이다. 혹자는 점진적으로 형성되어 온 서양 전통에 입각하여 일체의 권위를 부정하고, 개방적이며 변화를 받아들이는 공적 증거와 논의의 방식을 존중하는 것이 이 세상을 상호 교류가 가능하게 한데 묶는 것과 같은 이점을 지닐 것이라고 주장할지도 모른다. 그러나 다른 문화권에 좀 더 개방적으로 관심을 가지고 본다면, 우리 서양식 사고방식이 매우 편협하며 그들 문화를 배울 자세가 다소 부족하다는 것을 결과적으로 알게 될지도 모른다. 세상사와 개인사에 관한 일을 확정적으로 재단할 수 있는 논점은 없다. 따라서 '우리는 어떻게 살아가야 하는가?' 또는 심지어 '이 질문에 적합한 답을 구하기 위하여 우리는 어떤 것을 고려해야 하는가?' 하는 질문에 대한 확정적인 답은 없다.

모든 인간에게 인지적 요소가 중요하다는 점을 강조하는 입장은 지식과 이해를 중심으로 한 교육이 적어도 어떤 사람들에게는 적합하지 않다는 주장을 하는 데도 필연적으로 요구된다(Bantock, 1968;

FEU, 1979). '재능 위주의 교육'(Burgess, 1986: ix)이라는 최근의 슬로 건을 협소하게 해석하면 주장에 부합한다. 그러나 앞서 논의한 내용을 토대로 볼 때, 만약 학생들이 지식과 이해에 접근하지 못한다면, 그 결과 학생들로 하여금 자신의 삶을 폭넓게 이해하고 스스로 통제해 갈 수 없게 된다면, 학생들은 이에 상응하는 무엇인가를 배워야 할 것이다. 이를테면 학생들은 기존 사회 속에 내포된 가치를 배우고, 여태까지 살아온 방식과 어떤 행동이 도덕적으로 본받을 만한 것인가를 배우게 될지도 모른다.

윌리스(Willis, 1977)는 이러한 일들이 형식적 교육체제에 의하여 노동계층 청소년들에게 실제로 일어난다는 점을 생생하게 입증하였다. 집단 생존의 관점에서 집단이 주장하는 '지식'이 적합성이나 접근성의 측면에서 가져다주는 혜택이 무엇이건 간에 그것은 결함을 지닐 수밖에 없다. 주류 지식이 지니는 엄격하고 세밀한 검증이 없다면, 그것은 편파적이고 편협하며, 편견과 오류에 빠지기 쉬우며, 무엇보다도 편협한 것에서 벗어나는 것이 아니라 그것에 함몰되어 버린다. 이는 '지적 교육이 자신들에게 결코 적합하지 않은' 사람들이 지적 교육을 받는 것이 다른 사람들의 이익을 위해 희생하도록 하기 위해 특정한 태도와 참여를 강요하는 것만은 아니라는 사실을 암시해 준다.

지식과 이해의 증진이 교육 목적의 핵심이 되어야 한다는 주장은 가장 '학문적' 학교에서나 통용되었던 가장 고리타분한 교수 방식이 학생들의 지적인 능력을 함양하는 가장 좋은 방식이라는 말이 아니다. 학문적인 방식을 옳게만 활용한다면 학생들이 논점을 가장 잘 파악하고, 교수 목적에 가장 부합하는 효과적인 방법에 따라 학습할 수 있는, 집단 토론을 포함하는 새롭고 실용적인 방법도 있을 것이다. 그러나 이러한 접근방법은 단순히 교수방법을 잘 모니터링한다고 잘되는 것이 아니라, 교사의 입장에서 볼 때 의사소통 능력의 효율적인 향상보다는 교육 목적이 인지적인 문제와 어떻게 관련되는지를 명백하게 이해하는 일을 요구한다.

지식과 이해가 아이들의 양육 과정을 통하여 배워야 할 유일한 요인은 물론 아니다. 개인이 이해력을 증진시켜 자신의 삶을 어떻게 영위할 것인가는 말할 것도 없고, 자신이 살아가면서 필요한 것을 해결할 능력을 위해서도 지식과 이해가 중요하다. 어떤 점에서 보면, 지식과 이해의 이러한 측면은 직업 능력과 관련 있어 보인다. 사람은 가치를 변별할 수 있는 지적 능력도 필요하지만, 아울러 이에 상응하는 도덕적 품성을 갖추어야 한다. 또한 사람은 다른 사람을 이해할 줄 알아야 하기도 하지만, 상호 원만한 인간관계가 이루어지도록 행동해야 한다. 사람은 사회가 어떻게 돌아가는지를 알아야 하지만, 사회가 잘 작동하도록 기여해야 한다.

교육 목적을 온전하게 이해하는 교사와 마찬가지로 모든 시민들은 자신의 삶을 선택하고, 삶의 목적이 무엇인지를 사려할 줄 아는 지식과 이해가 필요하며, 이를 실행에 옮길 수 있는 역량과 기술이 요구된다. 그러나 인지 능력과 실행 능력은 동일하지도 않고 동일한 교육적 과제도 아니다. 요령, 속임수, 말초적 반응과 본능적 행동과

---

* 기량(skills), 역량(competences), (이와 대비되는) 요령(knacks), 속임수(dodges),
  말초적 반응(reflexes), 본능적 행동(instinctive behaviour)

달리 기량과 역량*은 상당한 정도의 지식과 이해 없이는 파악할 수 있는 것이 아니다. 그럼에도 고도의 능력, 기술, 인내심을 가졌지만, 만족스럽지 못한 판단, 반성, 비판에 이끌리는 사람들이 사는 세상은 틀림없이 악몽에 빠진 것인지 모른다. 교사건 일반 시민이건 간에 이러한 사람들은 아무도 말릴 수 없는 존재이다.

이러한 이유로 인하여 교사교육과 시민교육에서 지적 능력에 관한 편견은 교육방법 측면이 아니라 교육 목적 측면에서 늘 중심적인 문제로 남아 있다.

장별 추천 도서

제1장

교육 목적 일반과 교육 내용의 관련에 가장 중심이 되는 책은 피터스의 책 (Peters, 1964)이다. 듀이의 저서(Dewey, 1916: 100-110) 역시 중요한 시사점을 던져 주지만, 더 상세한 논의는 피터스(Peters, 1973b; 1973e)와 소켓(Sockett, 1972)의 글이 도움이 된다. 데이비스의 책은 교육 목적과 대비된 수업 행동 목표를 포함한 교육 목표에 관한 논의를 제공해 준다.

제2장

피터스의 논문(Peters, 1964; 1973b)과 피터스와 허스트의 공저(Peters & Hirst, 1970: 1-41)는 교육의 개념을 상당히 밀도 있게 논의한 글이다. 화이트(White, 1970)도 교화의 측면에서 전형적인 논의를 하였다. 데겐하르트(Degenhardt, 1976)도 유사한 입장을 견지하고, 스눅(Snook, 1972)은 교화에 관한 훌륭한 논문을 모아 편집하였다. 화이트(White, 1972)는 교육과 사회화의 관계를 논의하였다.

윤리학 일반에 관한 고전적인 논의를 소개받고 싶은 사람은 라파엘(Raphael, 1981), 워녹(Warnock, 1967), 맥킨타이어(MacIntyre, 1967), 윌리엄스(Williams,

1972)의 저서가 도움이 된다. 윤리학 이론에 관한 간략한 소개는 피터스(Peters, 1966: 제3장)의 책 중에서 찾을 수 있다.

셰플러(Scheffler, 1962: 11-35)의 논의는 교육의 정의로부터 어떻게 도덕적 당위성이 도출되는가를 다루고 있지만, 그래도 보다 심층적인 논의를 하고 싶은 학생들은 흄(Hume, 1751, 3. I . i : 507-520)의 고전적 논의를 참고하는 것이 좋을 듯하며, 아울러 몬티피오리(Montefiore, 1979)와 내시(Naish, 1984)의 글도 도움을 줄 것이다. 교육 목적의 개인적 차원과 사회적 차원이 어떻게 관련되는가는 하그리브스(Hargreaves, 1982)의 책에서 찾아볼 수 있을 것이다. 거기서 그는 교육 목적의 사회적 측면을 매우 강조하였고, 그것은 역사적 맥락에서 큰 의미를 가진 것으로 보았다. 개인과 사회적 관련을 지식과 이성의 추구 측면에서 본 것은 화이트(White, 1978), 화이트와 고든의 공저(White & Gorden, 1979) 그리고 화이트의 또 다른 글(White, 1982: 9-22)에서 찾아볼 수 있다.

화이트의 1982년 저술은 교육 목적의 철학적 논의에 관심 있는 사람이라면 누구나 필독하기를 권한다.

제3장

공리주의를 교육적 맥락에서 가장 잘 소개한 책은 바로우의 저술(Barrow, 1975a; 1975b; 1976)이다. 윌슨(Wilson, 1979: 135-162)과 특히 디어든(Dearden, 1972c)의 글도 매우 도움을 줄 것이다. 밀의 책(Mill, 1861)은 공리주의에 관한 일차적 논거에 가장 접근하기 좋은 책이며, 스마트와 윌리엄스가 편집한 책(Smart & Williams, 1973)은 좋은 논쟁거리를 제공한다. 앞서 소개한 윤리학 관련 일반 저서 역시 공리주의를 이해하는 데 만족스러운 읽을거리를 제공한다.

제4장

'성장', 흥미와 필요의 충족을 포함하여 '아동 중심' 교육 목적 논의는 디어든(Dearden, 1972a; 1972b), 피터스(Peters, 1969) 그리고 윌슨의 책(Wilson, P. S., 1971)이 도움을 줄 것이다.

역사적 맥락에서 아동 중심 주제의 의미를 탐구하고자 한다면 가장 먼저 보아야 할 내용은 루소(Rousseau, 1726b), 듀이(Dewey, 1938), 닐(Neill, 1962) 그리고 몬티피오리(Montefiore, 1936)의 책이다.

제5장

자율성에 관한 가장 간명하고 추천할 만한 것은 디어든의 글(Dearden, 1975)이지만, 디어든의 다른 글(Dearde, 1972d), 거워스의 글(Gewirth, 1973)도 도움이 되며, 관점이 약간 다르기는 하지만 크리텐든의 글(Crittenden, 1978)도 참고할 필요가 있다. 보넷(Bonnett, 1986)은 순수성의 측면에서 자율성 문제를 다루고 있지만, 이 접근은 쿠퍼의 책(Cooper, 1983)에서 보다 본질적으로 논의하고 있다.

실존주의와 관련된 논의를 알고 싶다면 당연히 사르트르의 책(Sartre, 1946)을 읽어야 하며, 워녹의 책(Warnock, 1967)은 이 문제에 관하여 논의의 단초를 제공해 주는 책이다. 그러나 실존주의적 측면에서 본 순수성 문제는 학술 서적보다는 문학 작품에서 더 많은 도움을 받을 수 있을 듯하다. 사르트르의 『더럽혀진 손(Les Mains Sales)』, 아누이의 『안티고네(Antigone)』, 카뮈의 『이방인(L'Etranger)』은 추천할 만하며, 영어 번역본도 쉽게 구할 수 있다. 사르트르의 『구토(La Nausée)』는 실존주의를 대표하여 자주 인용되는 무게 있는 작품이다.

제6장

제6장과 관련된 내용은 린지의 책(Wringe, 1981a)에 상당히 관련이 있다. 그 외에 추가적으로 소개하고 싶은 논저는 세 부류로 나눌 수 있다. 정책에 관한 공식적인 내용을 소개한 저술로는 린지의 책과 베일리의 글(Bailey, 1984: 제9장)이 있다. 리스와 앳킨슨(Rees & Atkinson, 1982)의 책에 수록된 참고문헌은 MSC 출판물을 상세하게 소개하고 있다. 둘째, 직업정책에 관한 급진적 비판이 있다. 리스와 앳킨슨의 책(Rees & Atkinson, 1982)과 글리슨의 책(Gleeson, 1983)은 이 입장을 잘 반영하고 있다. 셋째, 이 문제를 철학적으로 논의한 것이 있다. 베일리(Bailey, 1984: 제9장)는 매우 학문적인 논의를 하고 있으며, 조나단(Jonathan, 1983)은 일반 능력과 관련하여 일의 중요성을 부각하여 심도 있지

만 매우 흥미 있는 논의를 전개하고 있다. 이 주제에 관하여 듀이의 저작(Dewey, 1916: 제23장)은 매우 초기 작품이라고 할 수 있다.

제7장

스트로건의 책(Straughan, 1982)은 도덕교육에 관한 매우 우수한 입문서로서 풍부한 참고문헌과 읽을거리를 제공한다. 그 외에 권장할 만한 입문서는 윌슨, 윌리엄스, 슈가맨(Wilson, Williams, & Sugarman, 1967)이 같이 집필한 책과 다우니와 켈리의 저작(Downie & Kelly, 1978)이 있다. 교화와 사회화 문제에 관한 추천 도서는 앞서 제2장의 추천 도서 이외에 팻 화이트의 글(White, 1972), 존 화이트의 글(White, 1970), 데겐하르트의 글(Degenhardt, 1976)과 스눅의 책(Snook, 1976)이 있다.

제8장

평등과 사회정의에 관하여 관심 있는 사람이라면 누구나 계몽시대의 주 저작들을 읽어야 할 것이다. 루소(Rousseau, 1762a)와 페인(Paine, 1791) 그리고 특히 로크(Locke, 1689/90, 두 번째 논문)를 읽어야 한다.

20세기에 들어와서 교육 기회와 평등에 관하여 벌어진 다양한 논의는 크로스랜드(Crosland, 1962), 젱크스(Jencks, 1975) 그리고 쿠퍼(Cooper, 1980)의 책을 보라.

제9장

노직(Nozick, 1974)과 롤스(Rawls, 1973)의 정의이론이 이 장에서 논의되었다. 노직보다는 롤스가 더 비중 있다고 보지만, 두 사람의 저술은 매우 중요하기 때문에 이들의 원전은 반드시 필독해야 할 것이다. 노직의 정의 개념의 핵심은 그의 책 제7장에 소개되어 있고, 롤스의 입장은 그의 책 제1부에 소개되어 있다. 바리의 책(Barry, 1965)은 롤스의 이론을 비판한 매우 유익한 저서이다.

피터스의 책(Peters, 1966: 제4장)과 벤과 피터스의 공저(Benn & Peters, 1959: 제5장)는 공정으로서 정의 개념을 고전적 의미에서 이해하는 데 도움이 된다.

제10장

성 문제와 인종 문제와 관련된 불평등과 차별 문제를 매우 세밀하게 다룬 문서와 정책 제언을 담은 문헌은 엄청나게 많이 있다. 그러나 이에 관한 철학적 논의는 매우 드물다. 성 문제와 관련하여 리처즈의 책(Richards, 1980)이 철학적 논의를 담은 것이며, 밀의 저서(Mill, 1883)는 이에 관한 가장 초기 작품일 것이다.

아놋의 저서(Arnot, 1985)는 이 두 가지 문제를 한꺼번에 묶어 다룬 책이다. 교육에 있어서 문화 상대주의와 관련된 철학적 논쟁은 제크(Zec, 1980)와 윌슨(Wilson, 1986)의 저술에서 찾을 수 있다. 영국 교육과학부에서 1985년 발간한 900여 쪽에 달하는 스완보고서(Swann Report)와 이 보고서의 요약본은 이 문제에 관심을 가진 사람이라면 반드시 참고해야 할 문헌이다.

윌리(Willey, 1984)는 학교에서 급박한 상황에서 이 문제를 다룰 대안을 소개하고 있으며, 베글리와 베르마의 공저(Bagley & Verma, 1983)는 영국에 온 소수민족 출신 아동과 청소년에 관한 경험 연구다. 골드먼(Goldman, 1979)과 드워킨(Dworkin, 1977: 223-239)은 역차별 문제를 매우 세밀하게 논의하고 있다.

제11장과 제12장

제11장과 제12장 주제와 관련하여 교육철학 문헌이 빠진 경우는 결코 없다. 피터스(Peters, 1966: 제5장), 허스트의 글(Hirst, 1965), 피터스의 글(Peters, 1973c)과 엘리엇의 글(Elliott, 1975)은 가장 핵심을 담은 논의이다. 이 외에 화이트의 글(White, 1973: 5-24; 1982: 9-22)과 바로우의 책(Barrow, 1976: 제3장), 데겐하르트의 책(Degenhardt, 1982) 그리고 베일리의 책(Bailey, 1984)을 권장한다. 인간사에서 인지적 능력의 중요성을 강조한 점에서 윈치의 책(Winch, 1958)과 오우크쇼트의 글(Oakeshott, 1971)은 필독해야 할 만큼 중요하다. 합리성에 관한 다양한 견해는 브라이언 윌슨이 편집한 책(Wilson, B., 1974)에 잘 소개되어 있다. 이 중 루크스(Lukes)의 글은 권장할 만하다. 이에 대한 다양한 반론은 영(Young, 1971)이 편집한 책에 들어 있으며, 이 중에서 이슬랜드(Esland)와 영 자신의 글은 권장할 만하다. 부르디외와 파스롱의 책(Bourdieu & Passeron,

1970)은 불어판 원본이나 영역본이나 읽기가 쉽지는 않지만, 이 문제와 관련하여 읽어 볼 만한 책이다.

참고문헌

Althusser, L. (1972). Ideology and ideological state apparatuses. in Cosin (1972), pp. 242−280.

Archambault, R. D. (1965). *Philosophical Analysis and Education*. London: Routledge & Kegan Paul.

Arnold, M. (1869). *Culture and Anarcby*. Cambridge: Cambridge University Press, 1960.

Arnot, M. (1985). *Race and Gender*. Oxford: Pergamon.

Bagley, C. & Verma, G. K. (eds.) (1983). *Multicultural Childhood*. Aldershot: Gower.

Bailey, C. (1984). *Beyond the Present and the Particular*. London: Routledge & Kegan Paul.

Bantock, G. H. (1968). *Culture, Industrialisation and Education*. London: Routledge & Kegan Paul.

Barrow, R. (1975a). *Moral Philosophy for Education*. London: Allen & Unwin.

Barrow, R. (1975b). *Plato, Utilitarianism and Education*. London: Routledge & Kegan Paul.

Barrow, R. (1976). *Commonsense and the Curriculum*. London: Allen &

Unwin.

Barry, B. (1965). *Political Argument.* London: Routledge & Kegan Paul.

Barry, B. (1973). *The Liberal Theory of Justice.* Oxford: Clarendon Press.

Benjamin, H. (1939). The Saber-tooth curriculum. in Hooper (1971), pp. 7−15.

Benn, S. I. & Peters, R. S. (1959). *Social Principles and the Democratic State.* London: Allen & Unwin.

Bennett, N. (1976). *Teaching Styles and Pupil Progress.* London: Open books.

Bereiter, C. (1973). *Must We Educate?* Englewood Cliffs, N. J.: Prentice-Hall.

Berlin, I. (1969). *Four Essays on Liberty.* London: Oxford University Press.

Bonnett, M. (1986). Personal authenticity and public standards: Towards the transcendence of a dualism. in Cooper, (1986), pp. 111−133.

Bourdieu, P. & Passeron, J. C. (1970). *La Reproduction.* Paris: Editions de Minuit, translated by R. Nice as *Reproduction in Education, Society and Culture.* London: Sage, 1977.

Bowles, S. & Gintis, H. (1976). *Schooling in Capitalist America.* London: Routledge & Kegan Paul.

Brown, S. C. (ed.) (1975). *Philosophers Discuss Education.* London: Macmillan.

Bruner, J. S. (1960). *The Process of Education.* New York: Random House.

Burgess, T. (ed.) (1986). *Education for Capability.* Windsor: NFER-Nelson.

Callaghan, J. (1976). Speech at Ruskin college, Oxford, 18 October, 1976, reported in *The Times educational Supplement,* 22 October, 1976, pp. 1 and 72.

Carritt, E. F. (1947). *Ethical and Political Thinking.* Oxford: Clarendon Press.

Cooper, D. E. (1975). Quality and equality in education. in Brown (1975), pp. 113−129.

Cooper, D. E. (1980). *Illusions of Equality.* London: Routledge & Kegan Paul.

Cooper, D. E. (1983). *Authenticity and Learning.* London: Routledge & Kegan Paul.

244 참고문헌

Cooper, D. E. (ed.) (1986). Education, Values and Mind. London: Routledge & Kegan Paul.

Cosin, B. R. (ed.) (1972). *Education, Structure and Society*. Harmondsworth: Penguin.

Cranston, M. (1953). *Freedom: A New Analysis*. London: Longmans Green.

Crittenden, B. (1978). Autonomy as an aim of education. in Strike & Egan (1978), pp. 105−126.

Crosland, C. A. R. (1962). *The Conservative Enemy*. London: Cape.

Davies, I. K. (1976). *Objectives in Curriculum Design*. Maidenhead: McGraw Hill.

Dearden, R. F. (1972a). 'Needs' in education. in Dearden, Hirst & Peters (1972), pp. 50−64.

Dearden, R. F. (1972b). Education as a process of growth. in Dearden, Hirst & Peters (1972), pp. 65−84.

Dearden, R. F. (1972c). Happiness and education. in Dearden, Hirst & Peters (1972), pp. 95−112.

Dearden, R. F. (1972d). Autonomy and education. in Dearden, Hirst & Peters (1972), pp. 448−466.

Dearden, R. F. (1975). Autonomy as an educational ideal. in Brown (1975), pp. 3−18.

Dearden, R. F., Hirst, P. H. & Peters, R. S. (1972). *Education and the Development of Reason*. London: Routledge & Kegan Paul.

Degenhardt, M. A. B. (1976). Indoctrination. in Lloyd (1976), pp. 19−30.

Degenhardt, M. A. B. (1982). *Education and the Value of Knowledge*. London: Allen & Unwin.

Department of Education and Science (1985). *Education for All*, Swann Report. London: HMSO.

Dewey, J. (1916). *Democracy and Education*. New York: Macmillan, 1961.

Dewey, J. (1938). *Experience and Education*. New York: Collier, 1963.

Downey, M. & Kelly, A.. V. (1978). *Moral Education, Theory and Practice*. London: Harper Row.

Doyle, J. F. (ed.) (1973). *Educational Judgements*. London: Routledge & Kegan Paul.

Durkheim, E. (1925). *L'Education Morale*. Paris: Alcan, translated as *Moral Education*. New York: Collier—Macmillan, 1961.

Dworkin, R. (1977). *Taking Rights Seriously*. London: Duckworth.

Elliott, R. K. (1975). Education and human being: I. in Brown (1975), pp. 45−72.

Elliott, R. K. (1977). Education and justification. *Proceedings of the Philosophy of Education Society of Great Britain, 11*, 7−27.

FEU (Further Education Curriculum Review and Development Unit) (1979). *A Basis for Choice*. London: HMSO.

Foot, P. (1967). Moral beliefs. in *Theories of Ethics*. London: Oxford University Press, pp. 83−100.

Gallie, W. B. (1955−6). Essentially contested concepts. *Proceedings of the Aristotelian Society, 56*, 167−198.

Gallop, G. & Dolan, J. (1981). Perspectives on the participation in sporting recreation amongst minority group youngsters. *Physical Education Review, 1*, 61−64.

Gewirth, A. (1973). Morality and autonomy in education. in Doyle (1973), pp. 33−45.

Gleeson, D. (ed.) (1977). *Identity and Structure*. Driffield: Nafferton Books.

Gleeson, D. (ed.) (1983). *Youth Training and the Search for Work*. London: Routledge & Kegan Paul.

Goldman, A. H. (1979). *Justice and Reverse Discrimination*. Princeton, N. J.: Princeton University Press.

Griffiths, A. P. (1965). A deduction of universities. in Archambault (1965), pp. 187–208.

Handy, C. B. (1985). *Understanding Organisations.* Harmondsworth: Penguin.

Hargreaves, D. H. (1982). *The Challenge for the Comprehensive School.* London: Routledge & Kegan Paul.

Hartnett, A. & Naish, M. (eds.) (1976). *Theory and the Practice of Education, 1.* London: Heinemann Educational Books.

Hirst, P. H. (1965). Liberal education and the nature of knowledge. in Archambault (1965), pp. 113–140.

Hirst, P. H. & Peters, R. S. (1970). *The Logic of Education.* London: Routledge & Kegan Paul.

Holt, J. (1977). *Instead of Education.* Harmondsworth: Penguin.

Honderich, T. (1976). *Three Essays on Political Violence.* Oxford: Blackwell.

Hooper, R. (ed.) (1971). *The Curriculum: Context, Design and Development.* Edinburgh: Oliver & Boyd.

Hume, D. (1751). *A Treatise of Human Nature,* (ed.) E. C. Mossner. Harmondsworth: Penguin, 1969.

Illich, I. (1971). *Deschooling Society.* London: Calder Boyars.

Jencks, C. (1975). *Inequality.* Harmondsworth: Penguin.

Jonathan, R. (1983). The manpower services model of education. *Cambridge Journal of Education, 13*(2), 3–10.

Kilbler, R. J., Barker L. L. & Miles, D. T. (1970). *Behavioural Objectives and Instruction.* Boston: Allyn & Bacon.

Kilpatrick, W. H. (1951). *Philosophy of Education.* New York and London: Macmillan.

Komisar, B. P. (1961). 'Need' and the needs, curriculum. in Smith & Ennis (1961), pp. 24–42.

Lloyd, D. I. (1976). *Philosophy and the Teacher.* London: Routledge & Kegan

Paul.

Locke, J. (1689-90). *Two Treatises of Government* (ed.), P. Laslett. Cambridge: Cambridge University Press, 1960.

MacIntyre, A. C. (1967). *A Short History of Ethics.* London: Routledge & Kegan Paul.

Mager, R. F. (1962). *Preparing Objectives for Programmed Instruction.* Belmont, Calif.: Fearon.

Manpower Services Commission (undated). *Training for Skills: A Programme for Action.* London: MSC.

Mardle, G. D. (1977). Power tradition and change: educational implications of the thought of Antonio Gramsci. in Gleeson (1977), pp. 134-152.

Maslow, A. (1954). *Motivation and Personality.* Chicago: Harper & Row.

Mill, J.S. (1859). *On Liberty.* London: Longmans Green, 1913.

Mill, J. S. (1861). Utilitarianism. in A. D. Lindsay (ed.), *Utilitarianism, Liberty, Representative Government.* London: Dent, 1910.

Mill, J. S. (1883). *The Subjection of Women.* London: Longmans Green.

Ministry of Education (1963). *Half Our Future.* London: HMSO.

Montefiore, A. (1979). Philosophy and moral and political education. *Journal of Philosophy of Education of Great Britain, 13,* 21-32.

Montessori, M. (1936). *The Secret of Childhood* (trans.), B. B. Carter. London: Longman.

Naish, M. (1984). Education and essential contestability revisited. *Journal of Philosophy of Education of Great Britain, 18*(2), 141-153.

Neill, A. S. (1962). *Summerhill: A Radical Approach to Education.* London: Gollancz.

Nozick, R. (1974). *Anarchy, State and Utopia.* Oxford: Blackwell.

Oakeshott, M. (1971). Education: The engagement and its frustration. *Proceedings of the Philosophy of Education Society of Great Britain, 5*(1),

43−76.

O' Hear, A. (1981). *Education, Society and Human Nature.* London: Routledge & Kegan Paul.

Paine, T. (1791). *Rights of Man.* London: Dent, 1970.

Peters, R. S. (1964). *Education as Initiation.* London: Evans, reprinted in: Peters (1973d), pp. 81−107.

Peters, R. S. (1966). *Ethics and Education.* London: Allen & Unwin.

Peters, R. S. (ed.) (1969). *Perspectives on Plowden.* London: Routledge & Kegan Paul.

Peters, R. S. (1970). Education and the educated man. *Proceedings of the Philosophy of Education Society of Great Britain, 4,* 5−20.

Peters, R. S. (ed.) (1973a). *The Philosophy of Education.* London: Oxford University Press.

Peters, R. S. (1973b). Aims of education−a conceptual enquiry. in Peters (1973a), pp. 11−57.

Peters, R. S. (1973c). The justification of education. in Peters (1973a), pp. 239−268.

Peters, R. S. (1973d). *Authority, Responsibility and Education.* London: Allen & Unwin.

Peters, R. S. (1973e). Must and educator have an aim? in Peters (1973a), pp. 122−131.

Peters, R. S. (1974). *Psychology and Ethical Development.* London: Allen & Unwin.

Peters, R. S. (1977). *Education and the Education of Teachers.* London: Routledge & Kegan Paul.

Popham, W. J. (1970). Probing the validity of arguments against behavioural goals. in Kibler, Barker & Miles (1970), pp. 115−124.

Raphael, D. D. (1981). *Moral Philosophy.* Oxford: Oxford University Press.

Rawls, J. (1973). *A Theory of Justice.* London: Oxford University Press.

Rees, T. L. & Atkinson, P. (eds.) (1982). *Youth Unemployment and State Intervention.* London: Routledge & Kegan Paul.

Richards, J. R. (1980). *The Sceptical Feminist*. Harmondsworth: Penguin.

Rossi, A. (ed.) (1970). *Essays on Sex Equality* by John Stuart Mill and Harriet Taylor Mill. Chicago: University of Chicago Press.

Rousseau, J. J. (1762a). *Du Contrat Social*, published in English as *The Social Contract*, (trans.) G. D. H. Cole. London: Dent, 1913.

Rousseau, J. J. (1762b). *Emile* (trans.), B. Foxley. London: Dent, 1911.

Russell, B. (1926). *On Education*. London: Allen & Unwin.

Rutter, M. & other (1979). *Fifteen Thousand Hours*. Shepton Mallet: Open Books.

Sarte, J. P. (1946). *L'Existentialisme est un Humanisme*. Paris: Editions de Minuit, translated as *Existentialism and Humanism*. London: Eyre Methuen, 1973.

Scheffler, I. (1962). *The Language of Education*. Springfield, Ill.: Thomas.

Smart, J. J. C. & Williams, B. (1973). *Utilitarianism: For and Against*. Cambridge: Cambridge University Press.

Smith, B. O. & Ennis, R. H. (1961). *Language and Concepts in Education*. Chicago: Rand McNally.

Snook, I. (1972). *Concepts of Indoctrination*. London: Routledge & Kegan Paul.

Sockett, H. T. (1972). Curriculum aims and objectives: Taking a means to an end. *Proceedings of the Education Society of Great Britain*, 6(1), 30−61.

Straughan, R. (1982). *Can We Teach Children to be Good?* London: Allen & Unwin.

Straughan, R. & Wilson, J. (1983). *Philosophizing about Education*. London: Holt, Rinehart & Winston.

Strike, K. A. & Egan, K. (eds.) (1978). *Ethics and Educational Policy*. London: Routledge & Kegan Paul.

Trigg, R. (1985). *Understanding Social Science*. Oxford: Blackwell.

Vaizey, J. (1962). *Education for Tomorrow*. Harmondsworth: Penguin.

Warnock, G. J. (1967). *Contemporary Moral Philosophy*. London: Macmillan.

Warnock, M. (1967). *Existentialist Ethics*. London: Macmillan.

Warnock, M. (1977). *Schools of Thought*. London: Faber & Faber.

White, A. (1974). Needs and wants. *Proceedings of the Philosophy of Education Society of Great Britain, 8*(2), 159−180.

White, J. P. (1970). Indoctrination: reply to I. M. M. Gregory and R. G. Woods. *Proceedings of the Philosophy of Education Society of Great Britain, 4,* 107−120.

White, J. P. (1973). *Towards a Compulsory Curriculum*. London: Routledge & Kegan Paul.

White, J. (1978). The aims of education: Three legacies of the British idealists. *Journal of Philosophy of Education, 12,* 5−12.

White, J. P. (1982). *The Aims of Education Restated*. London: Routledge & Kegan Paul.

White, J. & Gordon, P. (1979). *Philosophers as Educational Reformers*. London: Routledge & Kegan Paul.

White, P. (1972). Socialization and education. in Dearden, Hirst & Peters (1972), pp.113−131.

Whitehead, A. N. (1929). *The Aims of Education*. London: Benn, 1962.

Willey, R. (1984). *Race, Equality and Schools*. London: Methuen.

Williams, B. (1972). *Morality*. Cambridge: Cambridge University Press.

Willis, P. (1977). *Learning to Labour*. Guildford: Saxon House.

Wilson, B. (ed.) (1974). *Rationality*. Oxford: Blackwell.

Wilson, J. (1979). *Preface to the Philosophy of Education*. London: Routledge & Kegan Paul.

Wilson, J. (1986). Race, culture and education: Some conceptual problems. *Oxford Review of Education, 12,* 3−15

Wilson, J. & Cowell, B. (1983). The democratic myth. *Journal of Philosophy of Education, 17*(1), 111−117.

Wilson, J., Williams, N. & Sugarman, B. (1967). *Introduction of Moral Education*. Harmondsworth: Penguin.

Wilson, P. S. (1971). *Interest and Discipline in Education*. London: Routledge & Kegan Paul.

Winch, P. (1958). *The Idea of a Social Science*. London: Routledge & Kegan Paul.

Wringe, C. A. (1981a). Education, schooling and the world of work. *British Journal of Educational Studies, 19*(2), 123−137.

Wringe, C. A. (1981b). *Children's Rights: A Philosophical Study*. London: Routledge & Kegan Paul.

Wringe, C. A. (1984). *Democracy, Schooling and Political Education*. London: Allen & Unwin.

Yonng, M. F. D. (ed.) (1971). *Knowledge and Control*. London: Collier-Macmillan.

Zec, P. (1980). Multicultural education: What kind of relativism is possible? *Journal of Philosophy of Education, 14*(1), 77−86.

콜린 린지(Colin A. Wringe) 교수님의 *Understanding Educational Aims*가 한국어판으로 번역되어 출판된 데 대하여 기쁘게 생각합니다. 이 책은 저자도 강조한 바와 같이 교육에 직접, 간접으로 몸담고 있는 우리들이 소홀하게 생각한 교육 목적 일반에 관한 논의에서부터 교육 현장에서 당면하게 되는 가치문제를 생각할 수 있는 계기를 제공해 주는 소중한 책이기 때문입니다. 뿐만 아니라 유아교육에서부터 초·중등교육에 몸담을 예비교사들이 반드시 숙고해야 할 심각한 문제들이 담겨진 보고(寶庫)라고 여겨지기 때문입니다.

이 책을 번역한 사람으로서 말할 수 없이 기쁘게 생각하는 또 다른 이유는 저를 가르쳐 준 은사의 책을 세상에 알리는 데 일조했다는 뿌듯함 때문입니다. 번역의 과정에서 책을 다시 여러 번 접하면서 30대 상당 기간 동안 린지 교수님 문하에서 공부할 적에 내 자신이 얼마나 게으르고 공부를 더 열심히 하지 못하였는가 하는 반성과 함께 부족한 문하생을 상당한 인내심과 아량으로 받아 준 스승님에 대한 감사의 마음을 감출 수 없습니다. 20년 전에도 이미 알고 있었던 사실이지만, 저자의 학문적 깊이와 박식함을 다시 한 번 더 실감할 수 있는 계기가 되었습니다.

이 책의 여러 가지 장점에도 불구하고 부족한 점이 발견된다면, 그것은 매끄럽지 못하게 옮겨 놓은 역자의 책임임을 밝혀 둡니다. 책을 읽으면서 독자들이 많은 것을 얻어 갔으면 하는 간절한 마음을 삼가 전합니다.

2013년 4월

金正來 謹識

찾아보기

인 명

내용

저자 소개

콜린 린지(Colin Wringe)

영국 옥스퍼드 대학교(University of Oxford)를 졸업한 후 런던 대학교(Institute of Education, University of London)에서 박사학위를 받았다. 영국 내외 여러 학교에서 교편을 잡은 바 있으며, 교육 목적에 관한 여러 글을 저술한 것을 포함하여 본 번역서 이외의 주요 저서로는 『아동의 권리(Children's Rights: A Philosophical Study, Routledge)』(1981), 『도덕교육 (Moral Education, Springer)』(2006), 『민주주의, 학교교육, 정치교육(Democracy, Schooling and Political Education, Routledge)』(2012)이 있다. 영국교육철학회(The Philosophy of Education Society of Great Britain)의 창립회원이었으며, 교육철학자 국제교류협력(The International Network of Philosophers of Education) 회원이다. 2002년까지 영국 킬 대학교(University of Keele) 교수로 재직하였으며, 현재 같은 대학교의 명예교수로 있다.

역자 소개

김정래(金正來)

서울대학교 사범대학 교육학과와 동 대학원을 졸업하였으며, 영국 킬 대학교(University of Keele)에서 이 책의 저자인 Colin Wringe 교수의 지도로 철학박사 학위를 받았다. 서울대학교 교육연구소와 한국교육개발원에서 근무한 바 있으며, 현재 부산교육대학교 교수이다. 저서로는 『민주시민교육비판』(2013), 『진보의 굴레를 넘어서』(2012), 『고혹평준화해부』(2009), 『전교조비평』(2008), 『아동권리향연』(2002) 등이 있으며, 역서로는 『아동의 자유와 민주주의』(2012)가 있다.

교육목적론

Understanding Educational Aims

2013년 4월 25일 1판 1쇄 인쇄
2013년 4월 30일 1판 1쇄 발행

지은이 • Colin Wringe
옮긴이 • 김정래
펴낸이 • 김진환
펴낸곳 • ㈜ **학지사**

121-837 서울특별시 마포구 서교동 352-29 마인드월드빌딩 5층

대표전화 • 02) 330-5114 팩스 • 02) 324-2345

등록번호 • 제313-2006-000265호

홈페이지 • http://www.hakjisa.co.kr
커뮤니티 • http://cafe.naver.com/hakjisa

ISBN 978-89-997-0124-5 93370

정가 16,000원

역자와의 협약으로 인지는 생략합니다.
파본은 구입처에서 바꾸어 드립니다.

인터넷 학술논문 원문 서비스 **뉴논문** www.newnonmun.com

이 도서의 국립중앙도서관 출판시도서목록(CIP)은 서지정보유통지원시스템 홈페이지
(http://seoji.nl.go.kr)와 국가자료공동목록시스템(http://www.nl.kr/kolisnet)에서 이용
하실 수 있습니다.
(CIP제어번호: CIP2013003829)